RESTAURANT CONVIVIUM,

die Küche kehrt zu ihrem Ursprung zurück und damit zu Unverfälschtheit und Natürlichkeit. Elegant und mit viel Atmosphäre, mit einsehbarer Küche, wo die traditionelle italienische, lokale und vegetarische Küche neu interpretiert wird.

PRINCIPE DI LAZISE - WELLNESS HOTEL & SPA - LAGO DI GARDA

VIA GREGHE, 7   TEL. +39 045 6490177   info@hotelprincipedilazise.com   SOLIEVE
37017 LAZISE (VR)   FAX +39 045 6490228   www.hotelprincipedilazise.com   HOTELS // RESORTS

MONIKA KELLERMANN

Kulinarische
Entdeckungen am

Gardasee
2011/2012

Über 100 getestete Ristoranti, Osterie, Trattorie, Enoteche und Aperitivo-Bars

Neu: Mit Tipps unserer Leser!

Inhalt

Liebe Leser und Freunde des Genießens am Gardasee!

Zuallererst möchte ich Ihnen von ganzen Herzen danken für die zahlreichen Mails, die Sie mir geschickt haben. Es gab viele Complimenti und auch konstruktive Kritik, die mich genauso freut, denn nur durch Ihr Feedback kann ich reagieren und auf Dauer darauf einwirken, dass man in den Ristoranti, Trattorien und Co. am Gardasee nicht nur gut isst, sondern auch herzlich und gastfreundlich aufgenommen wird.

Köstliche Gerichte herzlich serviert

Das wünschen wir uns alle, aber leider musste ich in Ihren Mails auch hin und wieder lesen, dass es speziell beim Service manchmal haperte. Auch ich erlebe das immer wieder, vor allem in den stark frequentierten Ristoranti direkt am Lago. Wenn ich die Besitzer daraufhin anspreche, heißt es, dass es in Italien sehr schwierig sei, einheimisches und gut ausgebildetes Personal zu bekommen. Es mag aber auch daran liegen, dass Kellner hier nicht allzugut bezahlt werden und das Trinkgeld bei italienischen Gästen nicht gerade locker sitzt. Dennoch, es gibt sie, die wohltuende Herzlichkeit, insbesondere in familiengeführten Lokalen.

Die Qual der Wahl

Bei der Auswahl der Ristoranti & Co. lege ich großes Augenmerk auf einen guten Mix aus gehobener, traditioneller, kreativer und kinderfreundlicher Küche. Wenn Sie den Text unter dem Foto aufmerksam lesen, wissen Sie, was Sie in dem Lokal erwartet. So können Sie rasch erkennen, ob es das Richtige für den geplanten Abend ist.

Erfahrung hilft beim Entdecken

Da ich selbst zwölf Jahre lang eine Vinothek in der Münchner Altstadt hatte, spüre ich eigentlich schon nach wenigen Minuten, was mich erwartet, wenn ich ein neues Restaurant betrete. Kommt der Kellner freundlich auf mich zu und ist nicht misslaunig, weil ich alleine essen will, sondern bietet mir einen schönen Tisch an und nicht den Katzentisch, dann ist das Eis schon mal gebrochen. Und häufig stimmt dann auch die Küche.

Ich habe selbst lange genug Gäste in unserer Vinothek empfangen und bewirtet und mein Credo war immer: Wer kein Lächeln und keine netten Worte für die Gäste übrig hat, sollte nicht in der Gastronomie arbeiten. Im Urlaub erwartet man die charmante italienische Herzlichkeit noch mehr, und sie trägt ungemein zur Entspannung und zum Wohlfühlen bei. Ein freundliche Service ist genauso wichtig wie das Essen.

Ich wünsche mir von Ihnen, liebe Leser,

…, von denen ich einige im Laufe des vergangenen Jahres – oft durch Zufall – am Gardasee getroffen und kennengelernt habe, dass Sie mir weiterhin Ihre ganz persönlichen Erlebnisse mitteilen.

Ich weiß aus eigener Erfahrung, dass es die „schwarzen Tage" in jedem Lokal gibt. Dennoch gehe ich jeder Kritik nach und informiere Sie anschließend über den Ausgang. Im Umgang mit Kritik zeigt sich nämlich der wahre Gastronom. Als ich beispielsweise im „Alla Ruota" dem Besitzer Stefano, der immer im Ristorante zugegen ist, davon berichtete, dass ein Gast nach vielen wunderbaren Genusserlebnissen in seinem Lokal einmal sehr unzufrieden war, hat er intensiv versucht sich zu erinnern, alles zu verstehen und wollte genau den Tag wissen, an dem dieser Gast da war. Er hat es sich richtig zu Herzen genommen.

Auch das gibt es, und das erfreut!

Kulinarische Highlights
rund um den Lago di Garda

*W*arum hat gerade dieser See so eine magische Anziehungskraft? Nicht nur für uns Nordlichter, auch die Italiener lieben ihren Gardasee über alles. Zum einen ist es der größte italienische Binnensee und dann der erste See jenseits der Alpen mit einem mediterranen Klima. So schön der Lago Maggiore und der Comer See auch sein mögen, die Wetterlage dort ist eben kontinental.

Der Gardasee und das milde Klima in den umliegenden Regionen verzaubert uns mit einer mediterranen Pflanzenvielfalt, seien es die weitläufigen Olivenhaine, die hoch in den Himmel ragenden Zypressen, die ersten Palmen, die üppig blühenden Oleander oder die wuchernden Rosmarinsträucher, um nur einige zu nennen. Ja, all das ist es, wonach wir uns nach einem langen, kalten Winter in Deutschland sehnen.

Aber da kommt noch ein weiterer Anreiz hinzu: Die abwechslungsreiche, bodenständige und schmackhafte Küche und die köstlichen, sehr unterschiedlichen Weine rund um den See.

Diese spannende Vielfalt ist auch bedingt durch die drei Regionen Trentino, Veneto und Lombardia, die an den langgestreckten See angrenzen. Typisch für Italien hat jede dieser Regionen eine völlig eigenständige Küche, die sich oft erheblich von der Küche der Nachbarregion unterscheidet. Worin die Unterschiede bestehen, welche besonderen Gerichte und vor allem auch, welche interessanten Weine Sie sich nicht entgehen lassen sollten, das möchte ich Ihnen gerne näherbringen – nicht nur Ristorante und Co. alleine.

Meine kulinarische Entdeckungstour – ab 2011 jeweils für zwei Jahre

Restaurants testen ist eine Arbeit, die erst mal äußerst verlockend klingt, aber ehrlich gesagt manchmal ganz schön mühsam und anstrengend sein kann. Und das betrifft nicht nur die zu erwartende Gewichtszunahme. Allzuoft verlasse ich auch ein Lokal, herb enttäuscht, und habe dennoch kostbare Zeit und Geld investiert.

Einfach aufs Geratewohl einzukehren, weil's nett aussieht, das funktioniert meist nicht. Ich bin sehr froh darüber, dass ich viele italienische und auch deutsche Genießerfreunde habe, die mir helfen, Neues zu entdecken. Jeden Tipp teste ich persönlich! Und ich empfehle kein Restaurant, in dem ich nicht selbst gegessen habe. Denn nur so ist für mich eine Empfehlung auch glaubwürdig.

Weil diese Tour viel Zeit erfordert, nicht zuletzt durch die enormen Entfernungen rund um den See, und weil ich im Laufe von drei Jahren die Erfahrung gemacht habe, dass es Restaurants gibt, die einfach immer gut sind und über Jahre, um nicht zu sagen Jahrzehnte, eine gleichbleibende Qualität liefern, haben wir beschlossen, den Restaurantführer nunmehr für zwei Jahre zu konzipieren.

Wie schon bei den beiden vorherigen Büchern finden Sie auch in der Ausgabe 2011/2012 meine ganz persönlichen Eindrücke in wenigen Stichworten unter den Fotos zusammengefasst, da ich es ablehne, Punkte zu verteilen. Wie soll ich eine einfache Trattoria mit einem gehobenen Ristorante vergleichen? Beide können auf ihre Art sehr gut sein, sind aber doch sehr verschieden. Anhand der kurzen Info erkennen Sie rasch, ob das Lokal das ist, was Sie für Ihr Mittag- oder Abendessen suchen. Weiterhin finden Sie jeweils eine kurze Beschreibung des Ambientes, der Küche, der Weine sowie Infos über die Preise und Ruhetage beziehungsweise Betriebsferien. Tutto come sempre!

Osteria oder Trattoria? Wo ist der Unterschied?

Das ist nicht so leicht zu erklären. Viele Trattorien haben sich im Lauf der Jahre in noble Ristoranti entwickelt, doch die Namen blieben aus Tradition erhalten. Manche Inhaber nennen ihr Lokal aber auch Trattoria, weil sie so weniger Abgaben bezahlen müssen. Nicht jede Osteria oder Trattoria ist also ein Ort, wo man preisgünstig und gut essen kann.

Enoteca, Wine Bar, Hosteria und Taverna

Enoteca entstand aus der Kombination von Weinhandel, Feinkostladen und Gastronomie. In einer Enoteca kann man Weine glasweise bestellen und Flaschen für zu Hause kaufen. Meist gibt es Kleinigkeiten zu essen. Häufig findet man in Italien heute den Begriff Wine Bar. Dahinter verbirgt sich meist nichts anderes als eine Enoteca. Allerdings werden in Wine Bars oft auch Cocktails und andere Getränke ausgeschenkt. Hosteria ist ein Wortspiel von Osteria. Immer steht der Wein im Vordergrund, ich habe jedoch auch schon in einer Hosteria wie in einem Nobelrestaurant gespeist. Hinter der Bezeichnung Taverna verbirgt sich mal eine einfache Kneipe, mal ein schickes Speiserestaurant. Italiener sind nun mal fantasievoll und lieben es kreativ.

Ristorante

Ein Ristorante muss einen gewissen Komfort bieten: Stofftischdecke- und -servietten sowie geschultes Fachpersonal. Die gesetzlichen Auflagen und die kommunalen Abgaben für ein Ristorante sind höher als für eine Osteria oder Trattoria, weswegen viele Inhaber ihr Lokal in der Kategorie herunterstufen, aber dennoch den Komfort eines Ristorante bieten. Ich habe so gut wie kein Speiselokal gefunden, in dem ich nicht Stofftischdecken und -servietten vorgefunden hätte. Das ist heute fast schon Standard, auch in den einfachsten Trattorien und Osterien.

Andere Länder – andere Sitten

Öffnungszeiten: Wenn man bis 14 Uhr kein Speiselokal gefunden hat, dann wird es schwierig für den „pranzo". Abends gewähren die Ristorante frühestens um 19.30 Einlass und wenn Sie nach 21 Uhr kommen, könnten Sie schon wieder Pech haben, denn dann schließen viele Küchen. Zwischen 12 und 13.30 Uhr sind die Lokale meist dicht besetzt, denn der „pranzo" ist dem Italiener heilig. Während der Hauptsaison verlängern zwar viele Ristoranti & Co. ihre Mittags- und Abendessenszeiten um etwa 1 Stunde, dennoch bedaure ich ein wenig die Unflexibilität in diesem Lande. Aber, wie schon gesagt: andere Länder, andere Sitten!

Coperto: Es ist in Italien üblich. Mich stört es dann, wenn man in einer ganz normalen Trattoria mit Papiersets, Papierservietten und abgepackten Grissini pro Person 1,50 bis 2,50 € lediglich fürs Hinsetzen bezahlen muss. Bei einer vierköpfigen Familie ist das ein beachtlicher Kostenfaktor. Wenn frisch gebackene Brötchen am Tisch stehen, und der Tisch fein eingedeckt ist, bin ich vollkommen d'accordo! Erfreulicherweise gibt es mittlerweile auch Restaurants, die auf Coperto verzichten.

Trinkgeld: Grundsätzlich geben Italiener wenig Trinkgeld, auch verständlich, wenn man bereits für das Coperto bezahlt hat. Touristen sollten deshalb auch nicht übertreiben. Machen Sie es einfach davon abhängig, wie zufrieden Sie waren. In einer Bar lässt man einfach ein paar Cents auf einem Teller liegen. Grundsätzlich gilt: Man lässt sich das Wechselgeld herausgeben und das Trinkgeld auf dem Tisch liegen.

Reservierung: Es ist ratsam – und in Italien auch üblich – zu reservieren. Abends ist es in guten Restaurants zwingend erforderlich. Und: Man wartet am Empfang, bis man zum Platz begleitet wird.

Wohin, wenn man Lust auf gutes Fleisch oder feinen Fisch oder hausgemachte Pasta oder ... hat?

*P*eter Prandke, Gardaseekenner und Autor in unserem Gardasee-Journal über die Kunstschätze in Verona, Brescia und Trento, meinte während eines gemeinsamen Essens, dass es doch hilfreich wäre, wenn man wüsste, wo die Stärke der jeweiligen Restaurants liegen. Recht hat er!

Es kann nämlich passieren, dass man Appetit auf frischen Meeresfisch hat und dann beispielsweise ins „Fior di Loto" geht. Fehlanzeige! Was nützt es, dass man dort Fleisch vom Allerfeinsten bekommt, wenn man gerade keine Lust darauf hat.
Ihr Gaumen hat sich auf etwas völlig anderes eingestellt. Sie sind ein wenig enttäuscht. Deshalb habe ich diese Anregung gerne aufgegriffen und stelle Ihnen einige – bei weitem nicht alle – Ristoranti oder Trattorien vor, die bekannt sind für spezielle kulinarische Schwerpunkte.

Lust auf Fleisch?
Tre Camini, Costermano (Nr. 40)
Alla Coá, Ospedaletto di Pescantina (Nr. 48)
Ristorante Cavour, Dossobuono (Nr. 72)
Fior di Loto, Puenago (Nr. 89)
Mangiafuoco, Brescia (Nr. 96)

Lust auf Gardasee-Fisch?

Taverna del Capitano, Porto di Brenzone (Nr. 22)

Osteria al Pescatore, Castelletto di Brenzone (Nr. 24)

Il Porticciolo, Lazise (Nr. 35)

Ristorante Monte Baldo, Limone sul Garda (Nr. 76)

Al Porto, Moniga del Garda (Nr. 91)

Lust auf Meeresfisch?

Le Gemme di Artemesia, Albisano (Nr. 29)

Piccolo Doge, Cisano di Bardolino (Nr. 33)

L'Oste Scuro, Verona (Nr. 66)

La Dispensa, San Felice del Benaco (Nr. 88)

Tancredi, Sirmione (Nr. 100)

Lust auf Pasta oder Risotto?

Trattoria Al Commercio, Bardolino (Nr. 31)

Croce d'oro, Volargne (Nr. 45)

Trattoria Caprini, Negrar (Nr. 55)

Alla Borsa, Valeggio sul Mincio (Nr. 62)

Ristorante La Torre, Isola della Scala (Nr. 73)

Lust auf ein kinderfreundliches Ristorante?

Leon d'oro, Riva (Nr. 8)

Alle Querce, Caprino (Nr. 41)

Trattoria Roeno, Brentino Belluno (Nr. 44)

Trattoria Al Fornello, Valeggio sul Mincio (Nr. 63)

Fenil Contor, Pozzolengo (Nr. 102)

Olivenöl für Genießer

AZIENDA AGRICOLA E FRANTOIO
MANESTRINI
*Olio Extravergine di Oliva Garda DOP
e Prodotti Tipici del Garda*

*Produktion und Verkauf von Olivenöl,
Spezialitäten und Naturkosmetik!
Besichtigung der Ölmühle*

Ferienwohnungen
www.residencesanrocco.it

Via Avanzi, 7 - Soiano del Lago (BS) - Lago di Garda - Tel . +39 0365 502231
info@manestrini.it - www.manestrini.it - GPS: 45.52616 - 10.50980

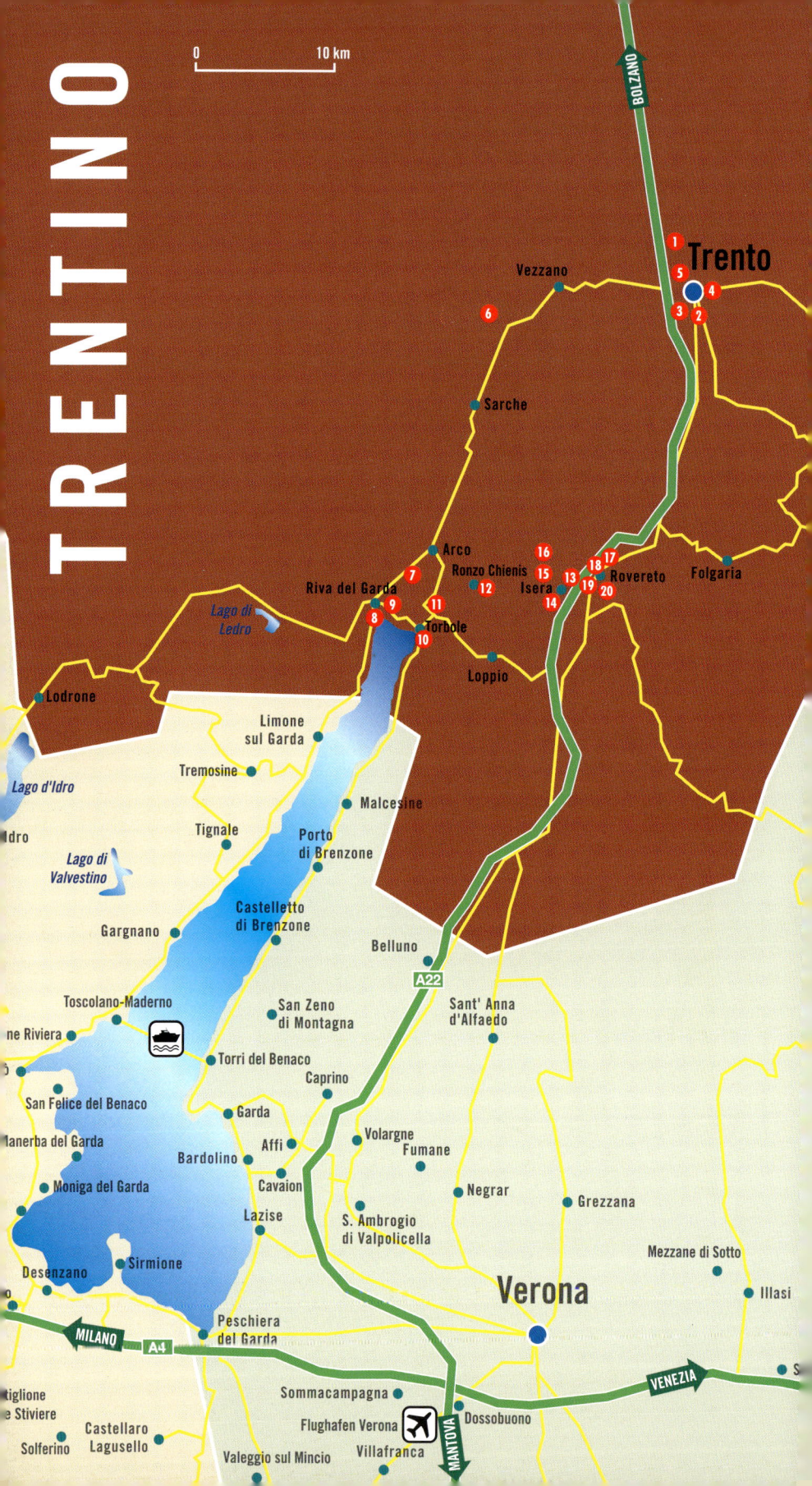

Trentiner Küche –
rustikal mit mediterranem Touch

*M*anche Trattorien im trentinischen Teil des Gardasees erinnern an österreichische oder bayerische Wirtshäuser. Auch die Gerichte auf der Speisekarte sind unverkennbar von der k. u. k. Monarchie geprägt, zu der das Trentino bis 1919 gehörte. Die Speckknödel heißen zwar **Canederli con speck** und der Apfelstrudel **Strudel di mele**, aber der österreichische Einfluss lässt sich nicht leugnen. Im Lauf der Zeit hat sich diese Bergküche aber harmonisch mit dem italienischen Kochstil vereint und das Ergebnis ist eine spannende kulinarische Mischung.

Doch es gibt auch ganz eigenständige Gerichte. Typisch trentinisch ist zum Beispiel die **Polenta**. Sie werden fragen: wieso Polenta? Die gibt es doch ebenso im Veneto und in der Lombardia? Das ist richtig, dennoch unterscheidet sich die Trentiner Polenta wesentlich von den anderen beiden. Die Trentiner Polenta ist grobkörnig und rustikal, während die Veroneser Polenta fast an ein cremiges Kartoffelpüree erinnert. Am besten schmeckt Polenta aus den rotbraunen Maiskörnern, die auf der Hochebene der Brenta gedeihen. Da der Ertrag auf den kargen Böden dort gering ist, ist das daraus hergestellte Mehl besonders aromatisch.

Eine Spezialität, die Sie sich auf keinen Fall entgehen lassen sollten, sind **Strangolapreti**, übersetzt Priesterwürger. Der Geschichte nach soll ein Priester so viel von den köstlichen Spinat-Weißbrot-Gnocchi in Salbeibutter gegessen haben, bis sie ihm im Hals stecken blieben.

Carne salada wurde bereits 1274 in den Statuten von Riva del Garda erwähnt. Das Einlegen von Rindfleisch in Salz und Kräuter war eine bewährte Methode, es für mehrere Monate haltbar zu machen. Heute findet man das roh marinierte Fleisch, das entweder dünn aufgeschnitten wie ein Carpaccio oder geschmort mit weißem Bohnengemüse serviert wird, im Trentino auf vielen Speisekarten. Meiner Meinung nach ist es jedoch im Belvedere in Arco am feinsten, weil hier das hochwertige Fleisch noch wie anno dazumal eingelegt wird.

Eine echte Entdeckung und ein Hochgenuss ist das extrafeine **Olivenöl** aus dem nördlichsten Anbaugebiet Europas. Die Oliven, die an den Steilhängen am nördlichsten Zipfel des Gardasees gedeihen, werden sorgfältig von Hand gepflückt und nach modernsten Methoden zu frisch-grasigem, mildem Olivenöl gepresst. Vergessen Sie nicht, sich vor Ort mit einigen Flaschen für zu Hause einzudecken.

Zwischen Riva und Torbole kommen natürlich die unterschiedlichsten Fische aus dem Gardasee auf den Tisch, aber auch die frischesten **Forellen** aus den Bergbächen im Hinterland.

Bei den Desserts spielen Äpfel eine große Rolle, ein Highlight ist der saftige **Apfelstrudel**. Und nicht zu vergessen die **Torta di fregoloti**, ein knuspriger Mürbeteigkuchen mit viel Nüssen.

Traditionell reicht man dazu einen **Vino Santo**, einen edlen Süßwein, der ausschließlich im Valle dei Laghi aus den bis Ostern getrockneten Nosiola-Trauben gekeltert wird. Der Hauswein der Trentiner ist bei den Weißweinen der zartfruchtige **Nosiola** und bei den Roten der fruchtige **Marzemino** mit seinem unverkennbaren Veilchenduft.

TRATTORIA VECCHIA SORNI

*$\mathcal{E}$inen herrlichen Blick über die
weitläufige Weinlandschaft der Rotaliano-Ebene,
Lorenzos finessenreiche Traditionsküche
und Mamma Maria Teresas familiärer Service –
dafür lohnt es sich, die Autobahn zu verlassen
und die paar Kurven nach oben in Kauf zu nehmen.*

ADRESSE:
*Trattoria Vecchia Sorni
Piazza Assunta, 40 · 38015 SORNI DI LAVIS (TN)
Tel.: +39 0461 87 05 41*

RUHETAG:
*Sonntagabend und Montag · Betriebsferien: Ende Februar bis Mitte März
Hunde nicht erwünscht!*

AMBIENTE: Wer auf dem Weg zum Gardasee Hunger bekommt, dem empfehle ich die Ausfahrt San Michele zu nehmen und sich in dieser gemütlichen Trattoria zu stärken. Die zwei Gaststuben, auf zwei Ebenen gelegen, sind nicht sehr groß, aber hell und geschmackvoll eingedeckt. An warmen Tagen sitzt man sonnengeschützt auf der luftigen Terrasse vis-à-vis des Eingangs und genießt den traumhaften Blick auf die mit Teroldego-Reben bestückten Weinberge und die ruhig dahinfließende Etsch.

KÜCHE: Lorenzo Callegari hat nach seiner Kochlehre einige Zeit bei Münchner Sterneköchen gearbeitet, u. a. bei Hans Haas im Tantris, um seinen Kochstil zu verfeinern. Vor zehn Jahren bekam er die Möglichkeit, gemeinsam mit seinen Eltern diese Trattoria zu eröffnen. Sie ist seither ein begehrtes Ziel bei Trentiner Feinschmeckern, denn Lorenzo verleiht der traditionellen Küche seiner Heimat einen interessanten mediterranen Touch! Kräuter verwendet er nicht nur als Garnitur, was seine Gerichte sehr bekömmlich macht. Die Speisekarte wechselt mehrmals in der Woche, da es ihm in der Küche sonst zu eintönig würde. Complimenti!

WEINKARTE: Auf der Weinkarte findet man die heimischen Rebsorten Nosiola und Teroldego von guten Winzern aus der nahen Umgebung – wie Pojer & Sandri, Cesconi, Fanti oder Foradori, um nur einige zu nennen –, aber auch feine Gewächse aus dem nahen Südtirol.

PREISNIVEAU: Flaschenweine liegen zwischen 15 und 40 €. Antipasti kosten 9,50 €, Primi 9 bis 10 €, Secondi 11 bis 16 € und Desserts um 6 €.

PLÄTZE: 35 Plätze innen, 30 Plätze auf der Terrasse

SPRACHE: Italienisch und ein wenig Deutsch

LAGE: Von der Autobahnausfahrt San Michele in Richtung Lavis fahren, nach wenigen Kilometern geht es von der Hauptstraße links ab, hinauf nach Sorni.

››› 2

OSTERIA IL CAPPELLO

Im Herzen der schönen Altstadt von Trento,
auf einer kleinen Piazetta,
kann man sehr gut essen und sich an
einem ansprechenden Weinangebot erfreuen.
Ein Platz zum Wohlfühlen –
drinnen wie draußen!

ADRESSE:
Osteria Il Cappello
Piazzetta B. Lunelli, 5 · 38100 TRENTO (TN)
Tel.: +39 0461 23 58 50 · info@osteriailcappello.it

RUHETAG:
Sonntagabend und Montag

AMBIENTE: Michele Ambrosi und seine Frau Silvia Gaburro sind beide Quereinsteiger in der gastronomischen Szene. Silvia gab ihr Studium auf und Michele hängte seinen Verkaufsjob an den Nagel, um 1997 das Il Cappello zu übernehmen. Über eine Treppe erreicht man das adrette Ristorante. Die Holztische sind mit weißen Stofftischdecken und -servietten ansprechend eingedeckt. Im unteren Bereich hat man die Möglichkeit, durch eine Glaswand das Geschehen in der Küche zu beobachten. Hübsch ist auch der Keller, der allerdings nur abends bewirtschaftet wird. Für mich ist die Osteria eine kleine Wohlfühloase mitten in der Stadt.

KÜCHE: Die Gerichte sind nicht ausschließlich typisch trentinisch. Silvia, die sich hauptsächlich um die Küche kümmert, zieht eine leichte, mediterrane Küche vor, die sehr jahreszeitlich geprägt ist. Im Herbst kommen viele Pilzgerichte auf den Tisch, im Winter *Canederli* (kleine Knödel) in allen Versionen und herzhafte Schmorgerichte.

WEINKARTE: Die Weine, etwa 100 verschiedene Etiketten, kommen größtenteils aus dem Trentino, der Rest aus ganz Italien. Wer sich nicht entscheiden kann – Michele steht gerne beratend zur Seite. Es gibt wechselnde offene Weine im Angebot.

PREISNIVEAU: Die glasweise ausgeschenkten Weine liegen bei 3 bis 4,50 €, die Flaschenweine zwischen 14 und 60 €. Für Antipasti und Primi bezahlt man um 10 €, für Secondi 16 bis 21 € und für die feinen Desserts 7 €.

PLÄTZE: 30 Plätze im oberen Bereich, 30 im Keller und 40 auf der Piazzetta

SPRACHE: Italienisch, Englisch und ein wenig Deutsch

LAGE: Parken vis-à-vis des Castellos, dann zu Fuß in Richtung Altstadt bis zur Piazzetta B. Lunelli.

››› 3

IL LIBERTINO

*G*anz in der Nähe der Autobahnausfahrt
Trento Centro, in einem der ältesten Viertel Trentos
liegt diese gemütliche Osteria.
Aus der Küche kommen leckere, typische Trentiner
Köstlichkeiten, begleitet von feinen Weinen der Region.

ADRESSE:
Il Libertino · Ristorante enologico
Piazza Piedicastello, 4–6 · 38100 TRENTO (TN)
Tel.: ǀ 39 0461 26 00 85 · www.ristoranteillibertino.com

RUHETAG:
Dienstag · Betriebsferien: Mitte Juli bis Mitte August (bitte vorher anrufen!)

AMBIENTE: Schwarze Stühle, weiße Leinensets und -servietten, Terracottaboden und ein attraktives, weiß gekalktes Gewölbe schaffen die richtige Behaglichkeit, um gute Weine zu genießen, gut zu speisen und angenehme Gespräche zu führen. Keiner würde auf die Idee kommen, dass dies hier mal eine Autowerkstatt war. Seit über fünf Jahren leitet Luca Maurina gemeinsam mit seiner Frau Assunta Martignoni das heimelige Ristorante in einem der ältesten Viertel von Trento.

KÜCHE: Zum umfangreichen Trentiner Weinangebot kocht Assunta typische Trentiner Gerichte, stets geprägt von der Jahreszeit. Immer auf der Karte stehen jedoch die sensationell knusprigen *Kartoffelpuffer*, die hier *Frittelle di patate* heißen und eine Trentiner Spezialität sind. Ebenfalls köstlich das *Tatar aus Carne Salada* oder die *Pappardelle mit Kaninchenragout*. Man kann auch nur *Käse* oder *Schinken* zum Wein bestellen.

WEINKARTE: Das Weinangebot an Trentiner Gewächsen ist enorm! Um die Qual der Wahl zu erleichtern, berät Luca, der ausgebildeter Sommelier ist, seine Gäste professionell. Es gibt zusätzlich zur Weinkarte eine Karte mit Weinen, die glasweise angeboten werden (auch Süßweine).

PREISNIVEAU: Für ein Glas Wein bezahlt man zwischen 2,50 und 5 €. Käse- und Schinkenplatten kosten 6 bis 13 €, Antipasti sowie Primi um 9 €, Secondi um 17 € und Dolci um 6 €. Es gibt zwei Menüs – mit oder ohne passender Weinbegleitung: ohne Wein für 35 €, die begleitenden Weine liegen zwischen 10 und 12 €.

PLÄTZE: Etwa 50 Personen können sich in der gemütlichen Weinstube verwöhnen lassen.

SPRACHE: Italienisch und ein wenig Deutsch

LAGE: Autobahnausfahrt Trento Centro in Richtung Verona, bis vor dem Tunnel ein Schild auf Piedecastello hinweist. Dem Wegweiser folgen und auf dem kleinen Dorfplatz parken. Das Libertino liegt rechter Hand.

››› **4**

ANTICO POZZO

In einem prächtigen Palazzo aus dem 15. Jahrhundert,
mitten in der Altstadt von Trento,
kann man in einem noblen Ambiente sehr fein essen –
teils typisch trentinisch – teils international.
Die junge Lorenza, eine Autodidaktin,
kocht mit „grande passione" und Nicola, ihr Freund,
kümmert sich um die passende Weinbegleitung.

ADRESSE:
Antico Pozzo
Via manci, 45 · 38100 TRENTO (TN)
Tel./Fax: +39 0461 26 36 57 · www.antico-pozzo.it

RUHETAG:
Dienstagabend
Betriebsferien: In der ersten Januarwoche und im August empfiehlt
es sich unbedingt vorher anzurufen.

AMBIENTE: Der Palazzo Saracini wurde komplett renoviert und Lorenza und Nicola konnten ihre Vorstellungen von einem schicken Ristorante bis ins Detail verwirklichen. Die attraktive Pianistin hantiert nun nicht mehr auf den Klaviertasten, sondern in ihrer modernen Küche und verwöhnt die Gäste mit immer neuen Kreationen. Nicola, ihr Lebensgefährte, hat den Service in dem stets gut besuchten Ristorante zwar nicht immer voll unter Kontrolle, aber er meistert die kleinen Pannen mit viel Charme. Die Geschäfts- und Politikwelt von Trento trifft sich hier gerne zum Lunch.

KÜCHE: Am 21. April 2008 begann die Autodidaktin Lorenza den Kochlöffel im Antico Pozzo zu schwingen. Vorher schufen sich Lorenza und Nicola bereits einen Namen mit ihrer erfolgreichen Cateringfirma. Lorenza verwendet ausschließlich frische Produkte, möglichst aus der Region. Bei Fischen setzt sie auf *Meeresfische*, aber wenn es um *Knödel*, *Gnocchi* oder *Kutteln* geht, kocht sie ganz und gar trentinisch. Ihre *Gnocchetti di ricotta* zergehen auf der Zunge und der knusprige *Gemüsestrudel mit gekochtem Tiroler Schinken* schmeckt großartig.

WEINKARTE: Eine gut sortierte Auswahl von Topweinen aus dem Trentino findet der Weinfreund neben interessanten Tröpfchen aus anderen italienischen Regionen, dazu ein paar Champagner. Auf Nachfrage gibt es einige gute Weine immer auch glasweise.

PREISNIVEAU: Weißweine kosten 13 bis 20 €, Rotweine 14 bis 20 € pro Flasche. Für Antipasti bezahlt man 8,50 bis 9,50 €, für Primi 8,50 bis 10 €, für Secondi 16,50 bis 19,50 € und für Dolci 5 bis 6,50 €.

PLÄTZE: 40 Plätze innen, 24 im Innenhof (Reservierung empfehlenswert)

SPRACHE: Italienisch, Englisch und ein wenig Deutsch

LAGE: Von der Via Manci (Fußgängerzone) geht man durch die Passage des bunt bemalten Palazzo degli Alpinisti. Angenehm speist man auch im hübschen Innenhof.

>>> **5**

VILLA MADRUZZO

*D*ie Villa Madruzzo ist nicht nur ein seit
Jahrzehnten beliebtes Hotel, man isst hier auch vorzüglich
und wird sehr aufmerksam und freundlich bedient.
Hinzu kommt: Die Villa ist von einem
gepflegten Park mit alten Bäumen umgeben –
mit einem Traumblick auf Trento.

ADRESSE:
Hotel Villa Madruzzo
Loc. Ponte Alto, 26 · 38100 COGNOLA-TRENTO (TN)
Tel.: +39 0461 98 62 20 · www.villamadruzzo.it

RUHETAG:
Sonntag · Betriebsferien: keine

AMBIENTE: Stilvoll eingerichtet ist nicht nur das Hotel, sondern auch das Ristorante. Wertvolle Antiquitäten lassen erahnen, dass dieses Haus auf eine lange Geschichte zurückblickt. An heißen Sommertagen essen hier selbst die Einheimischen auf der schönen Terrasse, da die jahrhundertealte subtropische Vegetation des riesigen Parks für Schatten und angenehme frische Luft sorgt. Elfenbeinfarbene Tischdecken und weinrote Hussen verleihen auch der Terrasse Noblesse.

KÜCHE: Die Tradition der Trentiner Küche liegen dem Besitzer Battista Poloniolli und seiner Küchencrew besonders am Herzen. *Strangolapreti*, *Gnocchi di patate* und wirklich exzellente *Wildgerichte* – natürlich mit Polenta – findet man auf der Speisekarte, aber ebenso einige köstliche internationale Gerichte, wenn einem der Sinn danach steht. Außerdem gibt es täglich wechselnde Menüs, jeweils der aktuellen Saison angepasst.

WEINKARTE: Im Mittelpunkt steht ein riesiges Angebot regionaler Weine: Nosiola und Teroldego von diversen Winzern, 18 verschiedene Talenti (hochwertige Flaschengärsekte) und nicht zu vergessen die vielschichtigen Süßweine, wie Vino Santo, Moscato Rosa und einige Spätlesen. Weine aus ganz Italien ergänzen die große Auswahl.

PREISNIVEAU: Die Weine beginnen bei 14 € und liegen durchschnittlich bei 15 bis 22 €. Die feinen Bollicine aus Trento gibt es ab 21 €, Antipasti 11 bis 13 €, Primi 10 bis 13 €, Secondi 14 bis 21 € und Dolci um 6 €. Das Tagesmenü liegt bei 30 €.

PLÄTZE: In den eleganten Speisezimmern können 80 Personen tafeln, auf der schönen Terrasse noch mal so viele. Reservierung ist ratsam, das Ristorante ist sehr beliebt.

SPRACHE: Italienisch, Deutsch und Englisch

LAGE: Von Trento Nord in Richtung Padua kurz vor dem Tunnel nach Trento Est abfahren. Den Schildern Richtung Cognola folgen, hier ist die Villa Madruzzo gut ausgeschildert.

>>> **6**

OSTERIA DAL LORENZIN

*E*ine antike Grappa-Brennerei hat
Enrico Bassetti in ein uriges Restaurant umgebaut.
Die Küche ist vorzüglich
und bei den Weinen stehen die Winzer
des kleinen Grappadorfes im Mittelpunkt.

ADRESSE:
Osteria dal Lorenzin
38070 SANTA MASSENZA DI VEZZANO (TN)
Tel.: +39 0461 34 00 29 · www.osteriadallorenzin.it

RUHETAG:
keiner; jeden Abend geöffnet; an Samstagen, Sonn- und Feiertagen auch mittags

AMBIENTE: In dem kleinen Dorf Massenza heißen fast alle Poli und fast alle brennen Grappa. Oder sie vinifizieren Nosiolaweine, denn hier ist das Tal des Nosiolaweins, der von einer weißen Rebsorte stammt, die nur hier gedeiht. Vis-à-vis der Kirche steht eine antike Distilleria, die der Urgroßvater von Ettore Bassetti erbaute. Ettore hat vor einigen Jahren ein gemütliches Restaurant daraus gemacht. Altes Steinmauerwerk, schlichte Holzstühle und charmantes Licht schaffen ein unvergleichliches, romantisches Ambiente – schön kühl an heißen Sommertagen und kuschelig an regnerischen Abenden.

KÜCHE: Eros Civentino, Koch und Geschäftspartner, kommt aus Torbole. Er verwendet ausschließlich Produkte aus der Umgebung. Das Fleisch kommt aus einer Metzgerei in Vezzano und das Bio-Gemüse von den umliegenden Bauern. Sensationell das würzige *Tatar aus Carne salada* und raffinierte Kreationen aus *Lachsforellen*. Alle *Piatti* sind stets der Jahreszeit angepasst.

WEINKARTE: Im Mittelpunkt stehen die Weine der Winzer aus dem Minidorf, die alle Poli heißen – unterscheidbar an den Vornamen Francesco, Casimiro, Giovanni … Viele dieser Weine – ob rot oder weiß – kann man auch glasweise bestellen. Ergänzt wird das Angebot an guten „Dorfweinen" von einer ansprechenden Auswahl Trentiner und Südtiroler Weine, aber auch Gewächse aus ganz Italien stehen auf der Karte.

PREISNIVEAU: Ein Glas Wein kostet 3 bis 4 €, ein Glas Spumanti (Flaschengärung) gibt es für 4 bis 5 €. Flaschenweine liegen bei 15 bis 30 €. Antipasti kosten 10 bis 14 €, Primi um 9 bis 10 €, Secondi 14 bis 23 € und Dolci um 6 €.

PLÄTZE: 60 bis 65 Plätze drinnen, etwa 20 im Garten

SPRACHE: Italienisch, Deutsch

LAGE: Fährt man von Riva nach Trento, so kommt kurz nach dem berühmten Castel Toblino eine Abzweigung nach Santa Massenza. Die Osteria liegt mitten im Ort.

>>> **7**

TRATTORIA BELVEDERE

*S*ie mögen Carne salada,
die Trentiner Fleischspezialität?
Dann müssen Sie ins Belvedere in Arco –
hier ist vor langer Zeit das Original entstanden
und innerhalb der Familie überliefert worden.
Heute kennt nur Signora Silvia das
geheimnisvolle Rezept …

ADRESSE:
Trattoria Belvedere
Via Serafini, 2 · 38062 VARIGNANO IN ARCO (TN)
Tel.: +39 0464 51 61 44

RUHETAG:
Mittwoch
Betriebsferien: in den Sommermonaten – bitte vorher anrufen!

AMBIENTE: 1895 war hier in Arco alles unter österreichischer Führung, auch die Trattoria der Familie Santorum. Im Lauf der Zeit wurde das alte Haus renoviert, aber der Charakter der Dorf-Trattoria, die man über eine Steintreppe erreicht, ist erhalten geblieben. Die Tische sind einladend mit mintgrünen und roséfarbenen Stofftischdecken und -servietten eingedeckt. An der Bar im Eingang treffen sich die Bauern der Nachbarschaft auf ein Glas Wein und in den zwei Gastzimmern findet sich Gott und die Welt ein, um die *Carne salada* und die anderen traditionellen Gerichte von Silvia zu genießen.

KÜCHE: Signora Silvia hat das Rezept für *Carne salada* von der Tante ihres Mannes erhalten, nachdem sie ihr 20 Jahre lang in der Küche zur Seite stand. Heute ist sie die Herrscherin über die geheimnisvolle Würzmischung für das marinierte Rindfleisch. „Und", so erzählt die leidenschaftliche Köchin, „ebenso wichtig wie die Würze ist die Qualität des Fleischs. Deshalb liefert uns das Fleisch ausschließlich ein Bauer, dem wir seit jeher vertrauen." *Carne salada* wird roh, wie ein Carpaccio serviert oder gekocht mit den gesprenkelten *Bohnen aus der Lamon*. Bekannt ist die Trattoria auch für die *Minestrina Gelestina*, eine ganz besondere Gemüsesuppe, für einen cremigen *Orzotto* (Gersten-Risotto), schmackhafte Knödel und Signora Silvias *Apfelstrudel*.

WEINKARTE: Wein ist hier kein so wichtiges Thema. Es gibt Trentiner Weine aus umliegenden Kellereien.

PREISNIVEAU: So genau legt sich Signora Silvia nicht fest, aber man bezahlt für ein Menü etwa 25 bis 30 €.

Plätze: 80 Plätze innen (Reservierung empfehlenswert)

SPRACHE: Italienisch

LAGE: Fahren Sie von Arco in Richtung Tenno und halten Sie sich dann beim Kreisverkehr in Richtung Ospitale und Varignano.

>>> **8**

LEON D'ORO

*W*illkommen, liebe Gäste!
Das sind hier keine leeren Worte.
Signora Alessandra und Sohn Luca betreuen Sie herzlich,
zudem isst man vorzüglich –
trotz umfangreicher Speisekarte –
und das zu fast jeder Tageszeit.

ADRESSE:
Leon d' Oro
Via Fiume, 28 · 38066 RIVA DEL GARDA (TN)
Tel.: +39 0464 55 23 41 · info@leondororiva.it · www.leondororiva.it

RUHETAG:
im Sommer keiner, Essen gibt es von mittags bis zum späten Abend durchgehend.
Betriebsferien: November bis März

AMBIENTE: Signora Alessandra empfängt die Gäste nicht nur sehr herzlich, sondern steht auch von früh bis spät in dem gemütlichen Restaurant. Das Ambiente erinnert an traditionelle Münchner Wirtsstuben: altes Deckengewölbe, dunkle Holzstühle und weiß gedeckte Tische. Im Sommer kann man auch vor dem Eingang an weiß gedeckten Tischen die vielfältigen Gerichte genießen. Die Familie Salvaneschi betreibt das Restaurant seit 1938 erfolgreich mitten in der Fußgängerzone von Riva. Mamma Sindova wird heute hilfreich unterstützt von ihrem Sohn Luca.

KÜCHE: Paolo Adamo, einer der drei Köche, die den ganzen Tag über die Wünsche der Gäste erfüllen, kommt aus Apulien, und ist vor allem für die raffinierte Zubereitung von Meeresfischen zuständig. Und das erwartet man hier wahrlich nicht, denn beim Lesen der Speisekarte ist der Feinschmecker erst mal eher skeptisch: ein Mix aus *Pizzen*, *Pasta*, *Fleischgerichten* und dann dieses enorme Angebot an interessant klingenden Gerichten aus *Meeresfischen*. Aber man wird nicht enttäuscht, weder bei den Trentiner Klassikern noch bei den Fischgerichten: Alles schmeckt ausgesprochen fein. Sehr angenehm ist, dass man hier auch nachmittags essen kann.

WEINKARTE: Luca liebt es, neue Weine zu entdecken und berät – wie auch die äußerst aufmerksamen Kellner – sehr gerne. Es gibt eine große Auswahl an Weinen aus dem Trentino und aus Südtirol, einige davon auch glasweise.

PREISNIVEAU: Weine liegen bei 15 bis 25 € pro Flasche. Pizzen kosten 5 bis 9 €, die köstlichen Antipasti aus Meeresgetier 10 bis 16 €, Primi um 8 €, Fleischgerichte 10 bis 18 €, gegrillte Fische um 18 € und Desserts 4 bis 5,50 €.

PLÄTZE: 150 im Gewölbe-Restaurant, 30 vor dem Haus

SPRACHE: Italienisch, Englisch, gut Deutsch

LAGE: nur wenige Gehminuten vom Lago entfernt in einer der hübschen Gassen in der Fußgängerzone

››› **9**

AL VOLT

*R*ot und weiß sind die Tische eingedeckt
im schicken Traditions-Restaurant
in der Altstadt von Riva.
Maurizio kocht leidenschaftlich,
mit französischem Touch,
und seine aparte Schwester Miriam verwöhnt die Gäste.

ADRESSE:
Al Volt
Via Fiume, 73 · 38066 RIVA DEL GARDA
Tel.: +39 0464 55 25 70 · info@ristorantealvolt.com

RUHETAG:
Montag · Betriebsferien: 15. Februar bis 15. März

AMBIENTE: In einer der ältesten Straßen von Riva liegt der Palazzo aus dem 14. Jahrhundert, in dem sich das Nobelrestaurant Al Volt befindet. Vor etwa 40 Jahren war das Gebäude, in dem heute rot-weißes Interieur den Ton angibt, ein Pferdestall. Der Vater der Geschwister Miriam und Maurizo betrieb dort einst eine Birreria. 2001 wurden die alten Gewölberäume umgestaltet. Die Tische sind in Rot eingedeckt und auch sonst bestimmt die Farbe Rot neben vielen Antiquitäten das Ambiente.

KÜCHE: Maurizo, der nur ein Jahr ältere Bruder der attraktiven Miriam, kocht eine traditionelle trentinische Küche mit französischer Note. Dazu muss man wissen, dass er seit 23 Jahren glücklich mit einer Französin verheiratet ist und die französische Küche liebt. Seinem Kochstil kommt das absolut zugute – die Gerichte sind eine willkommene Abwechslung zur üblichen Trentiner Küche.

WEINKARTE: Die Weinkarte bietet eine stattliche Anzahl Trentiner Gewächse, eine feine Auswahl italienischer und einige französische Weine. Um die Weinauswahl kümmert sich der Ehemann von Miriam, der Arzt in Trento und ein großer Weinliebhaber ist.

PREISNIVEAU: Die Weißweine liegen zwischen 14 und 30 €, die Rotweine zwischen 14 und 50 € pro Flasche. Für ein Fünf-Gänge-Degustations-Menü bezahlt man 40 €, für Antipasti 10 bis 11 €, für Primi 10 bis 13 €, für Hauptgerichte 16 bis 22 € und für Desserts um 7 €.

PLÄTZE: Im Restaurant können 40 Personen bewirtet werden. Im Sommer stehen draußen noch drei kleine Tische zur Verfügung.

SPRACHE: Italienisch, Deutsch, Englisch und Französisch

LAGE: Das Al Volt liegt in der Fußgängerzone. Parken Sie am besten auf den offiziellen Parkplätzen und gehen dann zu Fuß von der Piazza III Novembre in die Via Fiume bis zum Al Volt.

››› **10**

LA TERRAZZA

Faszinierend der Blick auf den See,
der von hier aus an einen norwegischen Fjord erinnert.
Passend zu diesem Traumblick gibt es
raffinierte Kreationen aus frisch gefangenen
Gardaseefischen, zubereitet von
Ivo Miorelli, dem Patrone.

ADRESSE:
La Terrazza
Via Benaco, 14 · 38069 TORBOLE (TN)
Tel.: +39 0464 50 60 83
info@allaterrazza.com · www.allaterrazza.com

RUHETAG:
Dienstag · Betriebsferien: November bis Mitte März

AMBIENTE: 1991 eröffnete Ivo Miorelli, gerade mal 21 Jahre jung, das La Terrazza. Aber seine frisch erworbenen Koch-kenntnisse wurden nicht gewürdigt. Pizzen und Billig-essen waren und sind von vielen sportiven Touristen im Norden des Benaco gefragt. Aber Ivo gab nicht auf, er setzte auf seine typische „cucina lacustre" (Traditi-onsküche vom Lago) und er behielt recht, denn seit 1994 ist das Ristorante immer gut gebucht. Auf der glasgeschützten Terrasse hat man einen sensationellen Blick auf den See, der von hier aus an einen norwegi-schen Fjord erinnert – allerdings mit Palmen.

KÜCHE: Ivo Miorelli, der Patrone, stammt aus einer Fischer-familie. Seine Eltern führen ein Albergo in Torbole und sein Onkel hat eine der wenigen Fischereilizenzen hier im trentinischen Teil des Lagos. Das ist perfekt für den leidenschaftlichen Koch, so hat er die Garantie, immer frische Ware zu bekommen. *Fische vom Gardasee* stehen im Mittelpunkt seiner Speisekarte. Im Herbst widmet er seine Aufmerksamkeit zudem den *Trüffeln* vom nahe gelegenen Monte Baldo.

WEINKARTE: Wer die Weinkarte liest, erkennt Ivos Begeisterung für Wein, vor allem für solche aus Bioanbau. Mit Hingabe sucht er die Weine aus, die er seinen Gästen anbietet – ob aus dem Trentino oder aus anderen Teilen Italiens.

PREISNIVEAU: Die Weine beginnen bei 13 und gehen bis 60 €. Anti-pasti kosten zwischen 10 und 13 €, Pasta 9 bis 13 €, Secondi 14 bis 18 €, die *misto pesce lago* 24 € und Dolci 4 bis 11 €.

PLÄTZE: Auf der verglasten Terrasse können 50 Gäste mit Traumblick speisen; innen finden 20 Personen Platz.

SPRACHE: Italienisch, Deutsch, Englisch

LAGE: Suchen Sie sich einen Parkplatz an der Strandprome-nade. Das La Terrazza erreichen Sie dann bequem zu Fuß – es liegt am Ende des Lungolago.

>>> **11**

AL FORTE ALTO

*E*rbaut 1860 als Festung,
bietet das historische Gebäude heute
ein wunderschönes Ambiente mit Blick auf den Lago.
In den alten Mauern kann man
raffinierte Trentiner Gerichte genießen
und sich vom sympathischen Service verwöhnen lassen.

ADRESSE:
al forte alto
Via Castel Penede, 16 · 38060 NAGO (TN)
Tel./Fax: +39 0464 50 55 66
info@alfortealto.it · www.alfortealto.it

RUHETAG:
Dienstag; nur abends geöffnet, an Sonn- und Feiertagen auch mittags
Betriebsferien: keine

AMBIENTE: Bar und Speiseräume sind perfekt in das ursprüngliche Ambiente der alten Festung integriert. Die alten Steinmauern, das angenehme Licht und die schlichten Holzmöbel sorgen für eine wohltuende Atmosphäre. Von den Plätzen am Fenster hat man einen herrlichen Blick auf Torbole und den Lago. Neben dem Eingang ist eine liebevoll gestaltete Terrasse, auf der man im Sommer auch essen kann.

KÜCHE: Vor gut drei Jahren hat Marcello Franceschi, nach einigen gescheiterten Versuchen der vorherigen Gastronomen, die Festung übernommen und erfreut seither die Gäste mit einer abwechslungsreichen Küche. Basis sind Trentiner Produkte, die er dann nach seinen eigenen Ideen zubereitet. Es gibt ein täglich wechselndes Degustationsmenü, das von Marcellos charmanter Freundin Erica am Tisch vorgestellt wird. Auf vegetarische Ernährung und glutenfreie Diät wird auf Anfrage Rücksicht genommen. Wenn der Hunger mal nicht so groß ist: Man muss nicht das ganze Menü essen, sondern kann auch nur einzelne Piatti wählen.

WEINKARTE: Die studierte Psychologin Erica Chemolli, Marcellos Lebensgefährtin, kümmert sich charmant und professionell um die Gäste. Da sie durch ihre neue Arbeit in der Gastronomie die Liebe zum Wein entdeckte, machte sie gleich noch eine Sommeliersausbildung. Man ist hier also auch in puncto Vino in besten Händen.

PREISNIVEAU: Eine Flasche Wein liegt durchschnittlich zwischen 20 und 30 €. Das Degustationsmenü kostet um 30 €.

PLÄTZE: In der Festung ist Platz für 50 Personen, auf der Terrasse für 30. Über dem Restaurant gibt es noch wunderschöne Räume für geschlossene Veranstaltungen.

SPRACHE: Italienisch, Englisch und Deutsch

LAGE: Die Festung ist nicht zu übersehen, wenn man von Rovereto zum Lago fährt. Man parkt auf dem offiziellen Parkplatz in Nago und geht ein paar Meter zu Fuß.

»» **12**

ANTICA GARDUMO

E s lohnt sich, die Abzweigung in Loppio
ins Val di Gresta zu nehmen,
denn die Fahrt durch das Tal voller Apfelbäume,
hinauf zum Bergdorf Ronzo Chienis, ist bezaubernd schön.
Oben erwartet Sie ein ungewöhnliches,
sehr beeindruckendes Restaurant
mit einer wunderbaren Küche.

ADRESSE:
Antica Gardumo
Via Ai Piani, 1 · 38060 RONZO CHIENIS (TN)
Tel.: +39 0464 80 28 55
info@anticagardumo.it · www.anticagardumo.it

RUHETAG:
Sonntagabend und Montag · Reservierung empfehlenswert!

AMBIENTE: In einem Bergbauernhaus aus dem 14. Jahrhundert, seinem Elternhaus, hat Giovanni Benedetti mit seiner Frau Erica den Traum vom eigenen Restaurant verwirklicht. Mit ausgeprägtem Sinn für Harmonie haben es die beiden verstanden, den Charakter des Hauses zu erhalten und geschickt mit modernem Design zu ergänzen. Ein perfekter Mix aus Leichtigkeit und gelebter Geschichte eines Hauses. Es lohnt sich, dafür den Lago mal für ein paar Stunden zu verlassen, allein schon die Fahrt dahin ist traumhaft schön.

KÜCHE: Giovanni Benedetti arbeitete 26 Jahre in verschiedenen Restaurants in Italien, bevor er sich 2006 entschloss, in seinem eigenen Restaurant zu kochen. In einer wunderschönen Landschaft, weg vom Rummel am Lago, begeistert er mit einer kreativen Terroir-Küche. Er verwendet ausschließlich heimische Produkte und verleiht ihnen eine besondere Note. *Würste* und *Schinken* macht er im schön ausgebauten Keller selbst, ebenso *Brot* und natürlich auch *Pasta*, *Gnocchi* und *Dolci*. Die Speisekarte bietet eine verlockende Auswahl. Ich habe die Fahrt hinauf nach Ronzo Chienis noch nie bereut.

WEINKARTE: Die Weinkarte bietet vorwiegend Trentiner Weine von Spitzenwinzern zu angenehmen Preisen. Einige Weine gibt es auch glasweise. Sollte es ein Gläschen zuviel geworden sein: Es gibt auch sehr geschmackvoll gestaltete Gästezimmer.

PREISNIVEAU: Flaschenweine liegen zwischen 16 und 110 €. Antipasti kosten wie die schmackhaften Primi 9 €, die Secondi 14 bis 23 € und die leckeren Dolci um 6 €.

PLÄTZE: 80 Plätze verteilt auf 3 Räume, 60 auf der Terrasse

SPRACHE: Italienisch, Englisch und ein wenig Deutsch

LAGE: Von Rovereto Richtung Gardasee fahrend, geht es in Loppio rechts ab ins Val di Gresta. 15 Minuten auf einer gut ausgebauten Serpentinenstraße und man ist am Ziel.

»» 13

VINERIA DE TARCZAL

*D*e Tarczal ist bei Weinkennern
für seine feinen Weine bekannt.
Seit einigen Jahren kann man in einer alten Villa
direkt beim Weingut aber auch
leckere typische Trentiner Gerichte genießen.
Natürlich begleitet von Weinen des Hauses.

ADRESSE:
Vineria de Tarczal
Via G. B. Miori, 6 · 38060 MARANO D'ISERA (TN)
Tel.: +39 0464 45 07 07 · www.detarczal.it

RUHETAG:
Sonntagabend und Montag
Betriebsferien: 22. Juni bis 7. Juli und 18. bis 27. Oktober

AMBIENTE: Das schöne Weingut De Tarczal, das man von der Autobahn aus, wenn man Richtung Süden fährt, auf der rechten Seite sieht, lädt schon von Weitem zu einem Stopp ein. Seit einigen Jahren kann man hier nicht nur die feinen Weine erwerben, man kann in der schmucken Trattoria auch sehr gut speisen. Die drei kleinen Gasträume in der alten Villa sind so schlicht eingerichtet, dass der ehemalige Stil nicht übertönt ist. Wunderschön sind der venezianische Marmorboden und die schönen Stuckdecken.

KÜCHE: Trentinische Klassiker werden hier vom Allerfeinsten von Damlak Abdelmajid, dem marokkanischen Koch, zubereitet. Keine Angst, Damlak lebt und kocht seit 20 Jahren in Italien und hat die landestypische Küche voll im Griff – schmackhaft, würzig, ohne den Eigengeschmack der Zutaten zu überdecken. Sensationell der *Risotto mit Marzemino*, aber auch die *Kartoffel-Gnocchi* haben mich wieder mal davon überzeugt, dass diese Trattoria ihren Platz in diesem Buch verdient hat. Wie alles hier, sind auch *Desserts* und *Kuchen* hausgemacht und schmecken wie bei Muttern.

WEINKARTE: Weiß- und Rotweine, wie auch Spumanti und Grappe, kommen aus der hauseigenen Kellerei. Wenn Ihnen der Wein gefallen hat, können Sie diesen auch für zu Hause kaufen. Natürlich gibt es die Weine auch glasweise.

PREISNIVEAU: Die Weine liegen zwischen 10 und 20 € pro Flasche. Die köstlichen Antipasti kosten um 7 €, Primi um 8 €, Secondi um 12 € und die feinen Dolci um 4 €.

PLÄTZE: 30 Plätze innen, 40 im hübschen Garten

SPRACHE: Italienisch, im Weingut auch Deutsch und Englisch

LAGE: Autobahnausfahrt Rovereto Nord in Richtung Isera – das Weingut De Tarczal ist sehr gut ausgeschildert. Ausreichend Parkplätze sind vorhanden.

LOCANDA DELLE TRE CHIAVI

*U*m alles so frisch wie möglich
auf den Tisch zu bringen, kauft Sergio Valentini nur
Lebensmittel aus der unmittelbaren Umgebung.
Seine Frau Anna Rita bereitet schmackhafte Gerichte
daraus zu. Sergio ist Anhänger einer Initiative
für heimische Produkte, die sich „km Zero" nennt.

ADRESSE:
Locanda delle Tre Chiavi
Via Vannetti, 8 · 38060 ISERA (TN)
Tel.: +39 0464 42 37 21 · www.locandadelletrechiavi.it

RUHETAG:
Sonntagabend und Montag · Betriebsurlaub: Januar

AMBIENTE: Eine rustikale Holzdecke, die Marmorsäule in der Mitte des Gastraums, der alte Steinboden und die Holztische vermitteln sofort eine gemütliche Atmosphäre. Auch die beiden anderen Räume sind im alpenländischen Stil eingerichtet. Man kann auch im hübschen Innenhof speisen. Hier ist alles typisch trentinisch – von der Einrichtung bis zu den feinen Piatti. Das ist die Philosophie von Sergio Valentini, Gastronom und Slow-Food-Präsident der Region.

KÜCHE: In der Küche agiert Sergios Ehefrau Anna Rita. Sie verwendet heimische Produkte, die im Umkreis von 20 bis 30 Kilometern erzeugt werden. Auf der ansprechend gestalteten Speisekarte findet man die Adressen der Lieferanten von Käse, Kartoffeln, Speck, Brot usw. Wer möchte, kann die Produkte bei diesen direkt, aber auch im Ristorante kaufen. Anna Rita kocht kreativ und hat ein Händchen für raffinierte, köstliche Salate. Besonders empfehlenswert ist der *Tortel di patate* mit *Puzzone-Käse*. Wie schön: Hier bezahlt man kein Coperto.

WEINKARTE: Die 193 Weine kommen größtenteils aus dem Trentino und aus Südtirol. Man findet auf der Weinkarte neben interessanten Informationen über die heimischen Rebsorten auch biodynamische Weine. Auf Nachfrage bekommt man einige Weine auch glasweise.

PREISNIVEAU: Weißweine kosten 15 und 25 €, Rotweine 20 bis 30 €. Antipasti und Primi liegen um 10 €, Secondi zwischen 14 und 20 € und Dolci um 7 €. Für ein 4-Gänge-Menü bezahlt man etwa 37 €.

PLÄTZE: 80 Plätze innen, 80 Plätze im Innenhof

SPRACHE: Italienisch, ein wenig Deutsch

LAGE: Das schmucke Restaurant liegt mitten in Isera. Parkplätze findet man, wenn man die schmale Via Vanetti entlang- und an der Locanda vorbeifährt, oder wenige Meter entfernt bei der Kirche.

LOCANDA D&D

*A*temberaubend die Aussicht
auf das Tal der Vallagarina und die Trentiner Berge.
Ivano Dossi kocht traditionelle Trentiner Gerichte
mit Fingerspitzengefühl und wohltuender Leichtigkeit,
und seine französische Frau Sandrine
betreut die Gäste mit viel Charme.

ADRESSE:
Locanda D&D di Ivano Dossi & C.s.a.s.
Via Maso, 2 · 38060 NOGAREDO (TN)
Tel.: +39 0464 41 07 77 · www.locandaded.it

RUHETAG:
Dienstag

AMBIENTE: Im Sommer ist allein schon der Traumblick von der Terrasse auf das breite Tal einen Ausflug wert. Liebevoll, mit Respekt vor dem alten Haus, aber mit modernen Akzenten hat Sandrine die drei Speisezimmer gestaltet. Wer nicht mehr Autofahren will, kann in einem der sieben, äußerst geschmackvoll gestalteten Gästezimmer auch übernachten und an jedem Fenster die wunderschöne Aussicht genießen.

KÜCHE: Ivano Dossi hat seine Kochwanderjahre in England und Frankreich bei Sterneköchen verbracht. Als er seine Frau Sandrine in Paris kennenlernte, beschlossen die beiden, sich in seiner Heimat Trentino niederzulassen. Sie erwarben diese schöne Locanda und Ivano bekocht nun seine Gäste schon seit zwölf Jahren mit Trentiner Gerichten, ausschließlich aus Produkten der Region. Faszinierend ist die Leichtigkeit, die er den traditionellen Gerichten verleiht. Natürlich wird alles selbst hergestellt – von der *Pasta*, über die *Spetzle* bis hin zu den *Desserts*. Die *Polenta* gart er in einem Kupferkessel über offenem Feuer. Köstlich ist das *in Olivenöl eingelegte Gemüse*, das gerne zur Begrüßung serviert wird.

WEINKARTE: Die Weine, etwa 150 Etiketten, kommen vorwiegend aus dem Trentino, aber das ist keineswegs langweilig, da Sandrine und Ivano sich gut auskennen und eine spannende Auswahl zusammengestellt haben. Zwei Weiß- und zwei Rotweine gibt es auch glasweise.

PREISNIVEAU: Die Weine kosten zwischen 15 und 50 €, Antipasti um 10 €, Primi 11 € und Secondi 15 bis 20 €.

PLÄTZE: 80 Plätze innen, 80 auf der Terrasse

SPRACHE: Italienisch, Französisch, Englisch und Deutsch

LAGE: Autobahnausfahrt Rovereto Nord, in Richtung Nogaredo und dann bergauf nach Sasso. Eine schöne Zypressenallee weist den Weg zur Locanda. Es gibt übrigens auch geschmackvoll gestaltete Gästezimmer, in denen man für 60 € übernachten kann. Am nächsten Morgen genießt man den Sonnenaufgang in dieser Traumlage.

>>> **16**

IL GALLO

K urvig und steil geht es nach oben,
aber die Fahrt lohnt sich,
denn der Blick auf das Etschtal ist fantastisch.
Hinzu kommmt, dass alles, was hier aufgetischt wird,
aus ökologischer Eigenproduktion stammt
und kreativ und schmackhaft zubereitet wird.

ADRESSE:
Loc. La Giura, 1 38060 ISERA (TN)
Tel.: +39 0464 43 45 84 · www.agriturismoilgalloisera.it

RUHETAG·
Donnerstagabend
ganzjährig geöffnet, Freitag, Samstag und Sonntag auch mittags
Keine Kreditkarten

AMBIENTE: Man möchte fast meinen, dass das 2005 von Marzio und Barbara erbaute Haus direkt am Abhang klebt. Die Lage ist traumhaft! Nicht nur von der überdachten Terrasse, auch vom Gastzimmer aus hat man dank der großen Fenster einen sensationellen Blick auf die gegenüberliegenden Berge, auf Rovereto und das Etschtal. Bereits in den 90er-Jahren begannen die beiden mit dem biologischen Anbau von Gemüse und Obst auf der Hochebene über Vallagarina. Und all diese Produkte werden hier verarbeitet.

KÜCHE: Selbstverständlich enthalten die angebotenen Speisen nur das, was die Jahreszeit im Garten gerade hergibt. Bei den Vorspeisen spielt Gemüse die erste Geige. Suppen stehen im Il Gallo immer auf der Karte und dem Namen verpflichtend gibt es auch raffinierte Hähnchengerichte – von glücklichen Gockeln. Kräuter werden erfreulicherweise gerne und üppig verwendet.

WEINKARTE: Auch der Wein ist Eigenanbau: eine Cuvée aus Chardonnay, Pinot Grigio und Sauvignon sowie eine Rotwein-Cuveé aus Lagrein, Merlot, Marzemino und etwas in Vergessenheit geratenen Rebsorten. Daneben gibt es aber auch Weine aus dem Trentino, dem Friaul oder dem nahen Veneto.

PREISNIVEAU: Antipasti liegen bei 10 bis 12 €, Primi bei 8 bis 9 €, Secondi um 12 € und die Dolci bei 3,50 bis 5 €. Die Hausweine kosten 8 € pro Flasche, die anderen zwischen 10 und 20 €. Falls Sie ein Verdauungsschnäpschen brauchen: Grappa ist ebenfalls selbst gebrannt.

PLÄTZE: 35 Plätze im Gastraum und auf der Terrasse

SPRACHE: Italienisch, Englisch und ein wenig Deutsch

LAGE: Ausfahrt Rovereto Nord oder Süd, in Richtung Isera fahren und dann den Wegweisern bergauf bis nach Patone folgen. Il Gallo ist ausgeschildert.

OSTERIA DEL PETTIROSSO

*N*ach dem Stadtbummel oder einem Besuch im
Museo Mart ist man hier genau richtig,
vor allem, wenn man gerne Wein trinkt.
Die Osteria bietet eine spannende Weinauswahl
und sehr sympathische Öffnungszeiten.
Für den kleinen Hunger zwischendurch gibt es
feine Schinken, Käse oder Panini, aber auch diverse Piatti.

ADRESSE:

Osteria del Pettirosso
Corso Bettini, 24 · 38068 ROVERETO (TN)
Tel.: +39 0464 42 24 63 · www.osteriadelpettirosso.com

RUHETAG:

Sonntag, die Wine Bar ist von 11 bis 15.30 Uhr und von 17.30 bis 1 Uhr geöffnet; warme Küche gibt es von 12 bis 14.30 Uhr und von 19.30 bis 22 Uhr

AMBIENTE: Paolo Torboli, der erfahrene Weinkenner, hat hier 2001 seine eigene Osteria eröffnet. Oben eine Enoteca, im Keller ein Ristorante. Beide befinden sich in einem alten Gemäuer aus Natursteinwänden, das mit viel Holz so ansprechend gestaltet ist, dass sich Weinliebhaber auf Anhieb wohlfühlen. An der langen Bar in der Enoteca kann man täglich ein anderes Mittags-Piatto genießen und den lieben langen Tag – bis nach Mitternacht – ein gutes Gläschen Wein trinken und Kleinigkeiten dazu genießen.

KÜCHE: In der stets stark frequentierten Wine Bar treffen sich die Geschäftsleute von Rovereto zu ihrer Mittags-Pasta. Es gibt jeden Tag verschiedene *Pastagerichte*, die typischen *Trentiner Knödel*, eine *Suppe* und verschiedene *Salate*. Abends bietet das Ristorante im Keller ein *Menü mit traditionellen Trentiner Piatti* und passender Weinbegleitung an. Außerhalb der üblichen Essenszeiten gibt es *Prosciutto*, *Käse* oder *Bruschette* für den kleinen Hunger zwischendurch.

WEINKARTE: Paolos große Leidenschaft sind die nicht alltäglichen Weine. Weine mit Geschichte und Charakter mag der bekennende Weinfreak besonders gerne. Wenn es seine Zeit erlaubt, weiß er dazu viel zu erzählen. Mehr als 20 offene Weine stehen auf der Tafel und machen Weingenießer neugierig.

PREISNIVEAU: Die Weinpreise liegen zwischen 3 und 7,50 € pro Glas. Für Prosciutto, Speck oder Käse zahlt man zwischen 7,50 und 12 €, für Pastagerichte um 8,50 €. Das Menü kostet um 27 €.

PLÄTZE: 30 Plätze in der Enoteca, 50 im Keller-Ristorante

SPRACHE: Italienisch, Englisch

LAGE: Man geht vom Museo Mart die Via C. Bettini in Richtung Piazza Rosmini. Parkplätze mit Zahlautomat gegenüber dem Eingang.

»» **18**

MITSUMI

K lingt japanisch und ist es auch:
Nakada Mitsumi ist die einzige
japanische Köchin mit eigenem Restaurant in Italien,
doch sie kocht italienisch – und das sehr gut!
Ihr Lokal liegt mitten in Rovereto.

ADRESSE:
Ristorante Mitsumi
Borgo Santa Caterina, 20 · 38068 ROVERETO (TN)
Tel.: | 39 0464 42 37 63

RUHETAG:
Sonntagabend und Montag

AMBIENTE: Mitten in der Altstadt liegt das Ristorante der Japanerin Mitsumi. Die Eröffnung war am 27. Oktober 2010 und Sie werden sich fragen, weshalb ich Ihnen das Ristorante nach so kurzer Zeit schon vorstelle? Genießer können sich sicherlich an das Al Borgo in Rovereto von Rinaldo dal Sasso erinnern. Dort hat Mitsumi seit 2003 gekocht und war die Sous-Chefin des Sternekochs. Das Ambiente des neuen Lokals ist wie ihre Küche trentinisch geprägt, aber keineswegs zu rustikal.

KÜCHE: Um ihre italienischen Kochkünste zu verbessern, ging die Jungköchin aus Tokio, wo sie in einem italienischen Restaurant ihre Lehre gemacht hatte, an die berühmte Kochschule im Piemont. Dort lernte sie dal Sasso kennen und begann in seinem legendären Ristorante Al Borgo zu arbeiten. Nun hat sie den Sprung in die Selbständigkeit geschafft, als erste Japanerin in Italien! Grundsätzlich ist alles, was hier auf den Teller kommt, klassisch italienisch, nur manchmal verleiht sie den Gerichten ein zarten asiatischen Hauch. Mittags gibt es nur ein Piatto unico, also einen Teller mit einem Fleisch- oder Fischgericht und eine Pasta. Zwei unterschiedliche Gerichte auf einem Teller – das ist derzeit Mode in Italien. Abends kann man zwischen zwei Menüs wählen, aber auch nur einzelne Teller daraus bestellen.

WEINKARTE: Die Weinkarte ist klein, aber mit guten Winzern, speziell aus dem Trentino und Südtirol, bestückt. Es gibt immer auch einige Weine glasweise.

PREISNIVEAU: Weine pro Glas 3 bis 5 € und 18 bis 65 € pro Flasche. Mittagsteller um 18 €, Abendmenü mit 4 Gängen 50 €, mit 6 Gängen 62 €.

PLÄTZE: 30 Plätze

SPRACHE: Italienisch, Englisch

LAGE: Vom Mart in die Via Rosmini gehen, nach einigen hundert Metern geht es links zum Borgo S. Caterina.

››› 19

RISTORANTE AL TRIVIO

*E legant das Ambiente im Innern,
     aber im Sommer ist es auch verlockend,
   sich die raffinierten und leckeren Gerichte
auf der kleinen Piazza unter einem
        schattenspendenden Segel schmecken zu lassen.*

ADRESSE:
Ristorante Al Trivio
Campiello del Trivio, 11 · 38068 ROVERETO (TN)
Tel.: +39 0464 43 64 14 · www.altrivio.it

RUHETAG:
Montag
Reservierung erwünscht

AMBIENTE: Ein klein wenig versteckt, aber mitten in der Altstadt liegt dieses aparte Ristorante, das von einer jungen, engagierten Crew geführt wird. Das Restaurant ist klassisch-elegant eingerichtet, mit Kirschholzstühlen und -tischen, die mit zartgelben Tischdecken und Servietten eingedeckt sind. Die Tische haben den nötigen Abstand, damit man nicht unweigerlich Gespräche vom Nebentisch mithören muss/kann. Der Service ist freundlich und aufmerksam.

KÜCHE: Schon beim Lesen der kleinen, aber feinen Speisekarte bekommt man Lust. Ich konnte mich nur schwer entscheiden, nahm dann doch den lauwarmen *Kaninchensalat mit Pistazien und Trentingrana*, während sich mein Begleiter das *Tagliata di tonno mit Weißkrautsalat, Kapern und Sardellensauce* schmecken ließ. Köstlich auch die *Tagliatelle mit Lammragu* und schon lange habe ich *Baccalà* nicht mehr so gut gegessen. Die Teller sind stets hübsch angerichtet.

WEINKARTE: Die Weinkarte bietet eine riesige Auswahl an kleinen Flaschen (35 cl), das bedeutet, dass es glasweise keinen Wein gibt. Das Angebot an Spumanti ist groß und ansprechend, und wie bei den Weinen hat man die Qual der Wahl.

PREISNIVEAU: Die kleinen Weinflaschen liegen bei 9 bis 25 € (Barolo), Weine in Normalflaschen gibt es in allen Preiskategorien. Antipasti und Primi kosten 9,50 €, Secondi 14 €, Dolci 6 bis 7 €. Der übliche Mittagsteller (zwei Gerichte auf einem Teller) kostet 14 € und das Degustationsmenü 35 €.

PLÄTZE: 55 innen, 25 auf dem kleinen Platz vor dem Ristorante

SPRACHE: Italienisch, Deutsch und Englisch

LAGE: Das Restaurant liegt in der Altstadt, nahe der Piazza del Podestà, wo sich das Museo della Guerra befindet.

>>> **20**

RISTORANTE
S. COLOMBANO

*H*ierher kommt man nicht
der schönen Aussicht oder
des ansprechenden Ambiente wegen.
Giorgio kocht trentinisch – auf hohem Niveau,
Bruder Maurizio ist der gute Geist im Ristorante,
und die Preise stimmen auch!

ADRESSE:
Ristorante S. Colombano
Via Vicenza, 30 · 38068 ROVERETO (TN)
Tel · +39 0461 13 60 06 · www.ristorantesancolombano.it

RUHETAG:
Sonntagabend und Montag · Betriebsferien: zweite und dritte Augustwoche

AMBIENTE: Das Ambiente ist ein wenig gewöhnungsbedürftig. Das eigenwillige moderne Äußere lässt nicht sofort vermuten, dass man hier köstlich speisen kann. Der Speisesaal ist ein Sammelsurium unterschiedlicher, undefinierbarer Stilrichtungen, aber da das Ristorante immer gut gefüllt ist, stört das nicht sehr. Schöner für mich ist das Speisezimmer im ersten Stock.

KÜCHE: Am 6. Juni 1991 eröffneten die beiden Brüder Giorgio und Maurizio, nach Jahren gastronomischer Erfahrungen, hier in Rovereto, im Valle del Leno, ihr eigenes Ristorante. Giorgio, der Koch, verarbeitet ausschließlich Produkte aus der Region zu traditionellen Gerichten. Hier bekommt man beispielsweise auch *Tagliata di puledro al Radicchio Treviso* (Gegrilltes Fohlenfleisch, zartrosa, mit frischem Radicchio) oder auch auf der Zunge schmelzende *Canederlotti ai formaggi trentini* (Knödel gefüllt mit Trentiner Käse) und *Strangolapreti* (Spinatnocken). Nach wir vor schmeckt alles sehr gut.

WEINKARTE: Bei den Weinen kommt dann Maurizio zum Zuge. Er ist ein erfahrener Trentiner Sommelier und steht den Kunden gerne mit Rat zur Seite. Trentiner Gewächse geben auf der Weinkarte den Ton an, aber man findet auch eine gezielte Auswahl aus anderen italienischen Regionen und natürlich viele Spumanti.

PREISNIVEAU: Einige weiße und rote Weine aus dem Trentino gibt es glasweise. Flaschenweine liegen zwischen 13 und 50 €, Antipasti kosten 8 bis 9 €, Primi 8 bis 10 €, Secondi 13 bis 20 € und Desserts 6 €.

PLÄTZE: 60 im Erdgeschoss, 20 im Obergeschoss und 30 auf der Terrasse

SPRACHE: Italienisch, Deutsch, Englisch

LAGE: Das Ristorante liegt wenige Minuten von der Altstadt Roveretos entfernt in Richtung Vicenza, im Valle del Leno. Parkplätze gibt es vor dem Haus.

Veroneser Küche –
Risotti, Bigoli und Tortellini

*S*üdlich von Verona, nur wenige Kilometer von der geschichtsträchtigen, wunderschönen Stadt an der Etsch entfernt, liegt rund um
das Städtchen Isola della Scala ein weitläufiges Reisanbaugebiet. Vorwiegend wird hier auf biologische Weise **Riso Vialone Nano Veronese,**
angebaut. Hier gibt es einige sehr gute Ristoranti, wie zum Beispiel das
La Torre der Riseria Ferron, wo von der Vorspeise bis zum Dessert
alles aus den gesunden Reiskörnern zubereitet wird. Und ich kann
Ihnen versichern: Es wird keinesfalls langweilig! Risotti in unzähligen
Versionen spielen im ganzen Veneto und insbesondere am Ostufer des
Gardasees eine wichtig Rolle. Besonders beliebt am Lago ist der **Risotto
con la tinca** (Schleien-Risotto)oder im Herbst der **Kürbisrisotto.**

Einen Ausflug nach Valeggio sollten Sie unbedingt einplanen, weil das
Städtchen mit dem romantischen Mühlendorf Borghetto einen ganz
besonderen Reiz hat. Auch aus kulinarischer Sicht ist Valeggio einen
Besuch wert. Die hauchdünnen, auf der Zunge zergehenden **Tortellini
di Valeggio** sind unglaublich lecker. Sie schmecken in allen Ristoranti
gut, aber mein Favorit ist und bleibt das Alla Borsa. Man kann die Teigtäschchen in einer der vielen Pasticcerien auch für zu Hause einkaufen.

Trippe (Kutteln), ehemals ein Armeleuteessen, gibt es vor allem im Hinterland des Sees noch in vielen traditionellen Trattorien. Dort und in
Verona findet man auch den Klassiker **Fegato alla Veneziana (Kalbsleber
mit geschmorten Zwiebeln)** auf den Speisekarten.

Stockfisch, als **Stoccafisso** oder **Baccalà** auf der Speisekarte, bekommt man vor allem in der kühleren Jahreszeit im veronesischen Teil des Lagos häufig. Mal weich geschmort in Milch oder auch fein püriert, zu Medaillons geformt und in Olivenöl ausgebacken oder raffiniert als Salat. Werfen Sie alle Vorurteile über Bord und kosten Sie!

Im Herbst gibt es **Steinpilze** oder **Pfifferlinge** in allen Variationen. Und **Trüffelgerichte** werden seit einiger Zeit immer begehrter. Ob von der Lessinia, dem Monte Baldo oder den Bergen der Lombardia, die schwarzen Knollen werden reichlich über Pasta oder Risotto gehobelt. Auch wenn sie nicht so fein und aromatisch sind wie die Albatrüffeln, frisch sind sie allemal und sie sind wesentlich preisgünstiger.

Bigoli sind aus Eiernudelteig handgepresste, dickere, spaghettiähnliche Nudeln. Das Gerät, mit dem sie in vielen Trattorien noch täglich frisch hergestellt werden, heißt Torchio. Bigoli werden mit einem saftigen Ragout aus Rinder-, Kalb- oder Entenfleisch serviert.

Am venezianischen Ostufer hat die Kultivierung der Olivenbäume eine lange Tradition, deshalb wird seit jeher der Landstrich zwischen Malcesine und Peschiera auch liebevoll Riviera delle Olive genannt. Das fruchtig-grasige und milde **Olivenöl Garda DOP** ist eine harmonische Ergänzung zum zarten Fleisch der Gardaseefische und zu Gemüse.

Die ideale Weinbegleitung zu den Gardaseefischen ist ein feinaromatischer **Lugana** oder ein zartfruchtiger **Chiaretto**. Die hauchdünnen Tortellini di Valeggio begleitet ein frisch-lebendiger **Custoza** am besten, und zu den deftigen Pastagerichten mit Fleisch- oder Pilzragout passt ein fleischiger **Valpolicella** oder ein fruchtiger **Bardolino**.

››› **21**

AL CORSARO

*B*ei einem traumhaften Blick
auf die lombardische Seite des Sees
genießt man raffinierte Fisch-Köstlichkeiten –
vom Lago, aber auch vom Meer.
Das Ambiente ist schick, der Service angenehm
und herzlich – also: ein echtes Urlaubs-Highlight.

ADRESSE:
Ristorante Al Corsaro
Via Paina · 37018 MALCESINE (VR)
Tel.: +39 045 6 58 40 64 · www.alcorsaro.it

RUHETAG:
Dienstag; nur abends geöffnet, Samstag und Sonntag auch mittags

AMBIENTE: Auf den schicken Rattanstühlen sitzend den Sonnenuntergang genießen, wenn sich der See fast rosa färbt, das ist ein Erlebnis der besonderen Art. Falls der Wettergott mal nicht so mitspielt: Durch die großflächigen Glasfenster hat man einen traumhaften Blick auf den See und die gegenüberliegende Felsküste. Dunkler Fußboden, weiße Wände und schwarze Korbstühle – alles angenehm puristisch, um die beeindruckende Traumkulisse des Sees nicht zu stören.

KÜCHE: 2008 haben Roberto und Mario die ehemalige Disco Al Corsaro übernommen und nach ihrem Stil in ein wunderschönes Ristorante umgewandelt. Roberto bereitet alles zu, was es frisch aus dem See gibt, aber auch Meeresfische. Seine Küche ist eine gelungene Harmonie traditioneller Rezepte mit sehr viel Kreativität und Finesse. Das lieben Einheimische ebenso wie genussbegeisterte Touristen, deshalb empfiehlt es sich, rechtzeitig zu reservieren.

WEINKARTE: Da sich das Ristorante auf Fischgerichte spezialisiert hat, stehen Weißweine im Vordergrund. Ob Lugana, Custoza oder Soave, Mario berät gerne und überrascht die Gäste auch mit neuen, unbekannteren Kellereien. Auf der Weinkarte findet man den Hinweis, dass es viele Weine auf Nachfrage auch glasweise gibt.

PREISNIVEAU: Die Weine liegen durchschnittlich zwischen 11 und 50 €. Für Antipasti zahlt man 9 bis 20 €, für die Antipasti-Degustation 18 €, für Primi 9 bis 10 €, für Secondi 14 bis 18 € und für die feinen Desserts 4 bis 6 €. Das Sommermenü für 2 Personen inklusive 1 Flasche Wein kostet 45 €.

PLÄTZE: 55 Plätze innen, 65 auf der Terrasse

SPRACHE: Italienisch, Englisch und ein wenig Deutsch

LAGE: Man kann am Marktplatz parken und durch die Fußgängerzone, an der Burg vorbei, zum See gehen.

>>> **22**

TAVERNA DEL CAPITANO

*S*partanisch könnte man das Ambiente bezeichnen,
die Fische aber, die hier frisch aus dem Lago
auf den Tisch kommen,
sind schmackhaft zubereitet und
werden herzlich von den Familienmitgliedern serviert.

ADRESSE:

Taverna del Capitano
Via Lungolago, 8 · 37010 PORTO DI BRENZONE (VR)
Tel.: +39 045 7 42 01 01

RUHETAG:

Dienstag; in der Hauptsaison keiner
Betriebsferien: November bis Ostern

AMBIENTE: Als ich das erste Mal bei strömendem Regen hier vorbeiging, wirkte die Taverna, trotz der schönen Lage direkt am See, gar nicht einladend. Die überdachte gepflasterte Mole mit den Plastikstühlen verschreckte mich ein wenig. Warum also nun dennoch? Weil mir viele Einheimische sagten, dass man sich vom Ambiente nicht stören lassen sollte. Die Familie Brighenti tischt seit vielen, vielen Jahren zwar immer das Gleiche auf, aber die Gerichte sind ursprünglich und ehrlich.

KÜCHE: Die Geschicke in der Küche leitet Signora Gianlucia. Wenn Not am Mann ist, wird sie von ihren Söhnen Francesco und Alessandro unterstützt. Hier wird herzhaft gewürzt mit Knoblauch, Essig und Zwiebeln. Es gibt natürlich *Bigoli con le sarde* und eine köstliche *Fischsuppe aus Gardaseefischen*. Empfehlenswert sind auch die hausgemachten *Kuchen* der Signora.

WEINKARTE: Vorwiegend stehen Weine der Region sowie offene Weine auf der Karte. Wobei die Preise für eine gute Flasche Wein aus den umliegenden Weinbaugebieten so moderat sind, dass ich Ihnen rate, darauf zurückzugreifen.

PREISNIVEAU: Flaschenweine kosten zwischen 13 bis 20 €, aber es gibt auch Spumanti von Ferrari, z. B. einen Perlé für 36 €. Für die Antipasti aus Gardaseefischen zahlt man 10 bis 13 €, für Primi 6 bis 8 €, für die beliebte Fischsuppe 8 € und für Secondi 14 bis 16 €.

PLÄTZE: 40 innen, 40 im Freien

SPRACHE: Italienisch und ein wenig Deutsch

LAGE: Man parkt am besten auf einem der öffentlichen Parkplätze an der Straße und geht dann zu Fuß zur Taverna, die direkt am See liegt. Oder man legt mit dem Boot im Porto di Brenzone an.

››› **23**

RISTORANTE DA UMBERTO

*Im Umberto fühlt man sich
wie in einer Taverne am Mittelmeer.
Es ist ein begehrtes Ziel für Motorbootfahrer:
Hier kann man direkt vor dem Ristorante anlegen,
wird herzlich willkommen geheißen und
genießt zu den köstlichen Fischgerichten
einen traumhaften Blick auf den See!*

ADRESSE:
*Ristorante da Umberto
Via Imbarcadero, 15 · 37010 CASTELLETTO DI BRENZONE (VR)
Tel.: +39 045 7 43 03 88*

RUHETAG:
*in der Hauptsaison keiner, sonst Mittwoch
Betriebsferien: 14. Dezember bis 14. Februar*

AMBIENTE: Das bei Motorbootfahrern so beliebte Ristorante liegt direkt am kleinen Hafen von Castelletto und erinnert mich an Tavernen am Mittelmeer. Obwohl es auch innen im Eckrestaurant und im ersten Stock sehr gemütlich ist, sind bei schönem Wetter die Plätze direkt am Lago natürlich viel gefragter. So stellt man sich Urlaub vor: am See sitzen, dem bunten Treiben beim Anlegen der Boote zusehen, eine leckere Küche genießen und von gut gelaunten Kellnern bedient werden. Ecco! Das lieben die Gäste vom Umberto!

KÜCHE: Hier gibt es Köstlichkeiten vom *Lago* und *Mare*. Mein persönlicher Tipp sind die *frittierten Meeresfische*, weil sie in gutem Öl ausgebacken sind. Das Lieblingsgericht meiner Freundin Ella, einer leidenschaftlichen Fischesserin, sind *Spaghetti allo scoglio mediterraneo* (mit Krustentieren). Ella ist sich ganz sicher: Das sind die besten am ganzen Lago! Wem es nach Fleisch gelüstet, der kann sich auch eine *Tagliata di manzo* oder *Lammkoteletts* bestellen. Eine Spezialität des Hauses, das seit 1963 von der Familie Modena geführt wird, ist die *Lasagne della casa* nach einem Rezept aus dem Jahr 1963.

WEINKARTE: Die Weine, passend zu den Fischgerichten, kommen hauptsächlich aus den umliegenden Weißweinregionen: Lugana, Custoza und Soave.

PREISNIVEAU: Die Flaschenweine liegen zwischen 15 und 25 €. Natürlich gibt es auch Spumanti und große Weine in allen Preislagen. Antipasti kosten 10 bis 16 €, La Terra (Fleischgerichte) 9 bis 18 €, Il Mare (Meeresfische) 12 bis 28 €, Il Lago (Gardaseefische) 10 bis 15 €, Desserts 5 bis 6 € und Menüs inklusive Wein 40 bis 45 €.

PLÄTZE: 80 Plätze auf der überdachten Terrasse, 60 innen

SPRACHE: Italienisch, Deutsch, Englisch

LAGE: Man parkt in Castelletto an der Straße und geht die paar Meter zu Fuß oder man legt mit dem Boot an.

»» **24**

OSTERIA AL PESCATORE

*ivio empfängt seine Gäste an der Bar
mit einem Glas Prosecco,
bevor er sie zum Tisch begleitet.
Seine Frau Rosaria bereitet indes
kreative Gardasee-Fischgerichte zu.
Sie kocht maximal für 35 Personen,
das heißt: unbedingt reservieren!*

ADRESSE:

Osteria Al Pescatore
Via Imbarcadero, 31 · 37010 CASTELLETTO DI BRENZONE (VR)
Tel: +39 045 7 43 07 02 · www.osteriaalpescatore.it

RUHETAG:

Montag; nur abends geöffnet, außer an Sonn- und Feiertagen
Betriebsferien: 25. Dezember bis Mitte Januar

AMBIENTE: Den Tipp für diese Osteria bekam ich gleich von verschiedenen Freunden im Veneto. Ich hatte reserviert, was dringend anzuraten ist, und als ich eintrat, wurde mir gleich mit einem freundlichen Lächeln ein Glas Prosecco an der Bar angeboten. Das Gastzimmer gleicht einem heimeligen Wohnzimmer, wobei für meinen Geschmack etwas weniger Deko wohltuender wäre. Man kann bei schönen Wetter, wenn man rechtzeitig reserviert, auch einen der drei kleinen Tische am Hafen ergattern. Der Service ist familiär, herzlich und überaus aufmerksam. Es gefiel mir sehr, dass Livio am Tisch erklärte, aus welchen Fischen die Gerichte zubereitet werden – auch in Deutsch, mit Hilfe eines Fischbuchs.

KÜCHE: Rosaria ist Autodidaktin wie ihr Mann Livio, der vorher als Lehrer arbeitete. Als sie in Pension gingen, bauten sie ihr Elternhaus in eine gemütliche Osteria um. Dass Rosaria mit *grande passione* kocht, schmeckt man. Jedes Fischgericht ist köstlich, traditionell, aber dennoch kreativ zubereitet, und alles leicht bekömmlich. Es gibt jeden Abend ein anderes Menü. Alla carte oder Speisekarte – Fehlanzeige! Die Erklärung der Piatti obliegt Livio und seiner Tochter. Lediglich ein Gericht gibt es täglich: *Spaghetti con le sarde e pignoli.*

WEINKARTE: Die Weinkarte beschränkt sich auf Weine der umliegenden Regionen. Auf Nachfrage kann man viele Weine auch glasweise bekommen.

PREISNIVEAU: Die Preise für Weine liegen durchschnittlich zwischen 12 und 30 €. Das Menü kostet 50 € inklusive begleitende Weine.

PLÄTZE: 20 Personen innen, 15 draußen; es wird für maximal 35 Personen gekocht.

SPRACHE: Italienisch und Deutsch

LAGE: Die Osteria liegt direkt am Hafen von Castelletto. Man stellt das Auto auf einem der öffentlichen Parkplätze in der Nähe des Restaurants ab. Oder man legt im Hafen mit dem Boot an.

ALLA FASSA

Traumhaft die Lage direkt am See,
köstlich die feine Gardasee-Fischküche,
familiär und freundlich der Service,
dazu ein nahe liegender Parkplatz für Auto oder Boot –
was will man im Urlaub mehr?

ADRESSE:
Alla Fassa
Via B. G. Nascimbeni, 13 · 37010 BRENZONE (VR)
Tel.: +39 045 7 43 03 19

RUHETAG:
Dienstag; vom 1. Juli bis 15. September keiner
Betriebsferien: 15. Dezember bis 15. Februar

AMBIENTE: Wie soll man ein Ambiente beschreiben, das von der natürlichen Kulisse des Lago di Garda geprägt ist? Man sitzt – im Sommer im Freien oder im Wintergarten – immer direkt am See und genießt den Blick auf die felsige Küste von Gargnano und das bunte Treiben der Boote am See. Besonders romantisch und gefragt sind die wenigen Tische unter den knorrigen, alten Olivenbäumen. Wenn das Wetter mal nicht so ist, wie man es gerne hätte: Die köstlichen Fischgerichte schmecken auch im hellen Gastraum.

KÜCHE: Das Alla Fassa gibt es seit 1988. Von 2001 bis 2007 hatten die Besitzer, die Familie Veronesi, das Ristorante aus familiären Gründen vermietet. Seit Mai 2008 kocht nun Antonio, den alle Tonino nennen, wieder selbst. Seine sympathische Frau Donatella und ihre reizende Tochter kümmern sich charmant um den Service. *Fische* aus dem direkt vor der Terrasse liegenden See stehen im Vordergrund. Köstlich sind vor allem Toninos *Kreationen rund um den Lavarello*.

WEINKARTE: Die Weinkarte bietet für jeden Geschmack etwas. Vor allem Weißweintrinker finden hier garantiert einen passenden Wein. Neben dem großen Angebot an Franciacorta und Champagner findet man auch einen guten Cava auf der Karte. Auf Nachfrage bekommt man einige Weine glasweise.

PREISNIVEAU: Die Weine kosten wie zwischen 13 und 55 € pro Flasche, für ein Menü bezahlt man zwischen 30 bis 35 € ohne Wein.

PLÄTZE: 90 Plätze auf der überdachten Terrasse und unter den Olivenbäumen, 70 drinnen

SPRACHE: Italienisch, gut Deutsch und ein wenig Französisch

LAGE: Das Alla Fassa liegt direkt an der Gardesana Orientale, von Torri del Benaco kommend gleich nach Castelletto links. Eigener Parkplatz und eine Bootsanlegestelle.

››› **26**

TRATTORIA BELL'ARRIVO

*D*ie täglich wechselnden Spezialitäten
stehen auf einer Schiefertafel
und einen passenden Wein
findet man auf der umfangreichen Weinkarte leicht.
Sehr hübsch sitzt man im überdachten Innenhof,
aber auch die Gasträume sind äußerst gemütlich.

ADRESSE:
Trattoria Bell'Arrivo
Piazza Calderini, 10 · 37010 TORRI DEL BENACO (VR)
Tel.: +39 045 6 29 90 28

RUHETAG:
Montag · Betriebsferien: November

AMBIENTE: Von der Gardesana aus erreicht man durch einen tunnelförmigen, üppig bewachsenen Eingang zuerst den liebevoll gestalteten Innenhof, wo man auch bei großer Hitze angenehm speisen kann. Die Gasträume innen sind angenehm schlicht und geschmackvoll gestaltet. Geht man an der langen Bar vorbei, gelangt man zum pittoresken kleinen Hafen von Torri del Benaco. Vor diesem Eingang kann man einen Aperitivo trinken und den Blick auf die bunten Boote genießen.

KÜCHE: Die Trattoria gibt es schon über 150 Jahre. Seit 1997 leitet Luigi Galvani nicht nur die Trattoria, sondern auch die des nahe gelegenen Hotel del Porto. Zu dem Hotel gehört ein schickes Restaurant, in dem seit 2010 Isidoro – ehemals im Al Caval – kocht. Das Bell' Arrivo bietet eine regionale Trattoriaküche. Neben der dreigeteilten Speisekarte (*menu di terra, menu d'aqua dolce* und *menu adriatico*) gibt es täglich wechselnde Gerichte, je nach Saison oder Fischfang. Empfehlenswert sind die *Antipasti-Variationen aus Gardaseefischen.*

WEINKARTE: Der Gast kann unter 200 verschiedenen Weinen auswählen, darunter gibt es auch eine stattliche Anzahl Magnumflaschen und zehn verschiedene Champagner. Auf Nachfrage bekommt man einige regionale Weine auch glasweise.

PREISNIVEAU: Die Flaschenweine beginnen bei 12 € und liegen durchschnittlich bei 18 bis 30 €, es gibt aber auch z. B. einen 98er Amarone von Bertani für 180 € und einiges mehr für Weinfreaks. Antipasti kosten 8,50 bis 13 €, Primi 10 bis 12 € und Secondi 13 bis 26 €.

PLÄTZE: 100 Plätze im Innnenhof, 60 in den geschmackvoll gestalteten Gewölberäumen

SPRACHE: Italienisch, Deutsch, Englisch und Französisch

LAGE: Parken Sie auf dem öffentlichen Parkplatz (Abfahrt der Traghetti) und gehen Sie entlang der Burg zum alten Hafen. Die Trattoria liegt auf der rechten Seite.

››› 27

TAVERNA KUS

*A*lle Jahre wieder:
Die saisonal geprägte Küche ist unverändert gut,
und auf die profunden Weinempfehlungen
kann man sich nach wie vor verlassen.
Service und Ambiente – wie immer zum Wohlfühlen.

ADRESSE:
Taverna Kus
Loc. Castello, 14 · 37010 SAN ZENO DI MONTAGNA (VR)
Tel./Fax: +39 045 7 28 56 67
tavernakus@libero.it · www.tavernakus.it

RUHETAG:
im Sommer keiner, im Herbst Dienstag, im Winter Montag bis einschließlich
Donnerstag · Betriebsferien: Januar

AMBIENTE: Eine Taverna im eigentlichen Sinne ist die Taverna Kus nicht, vielmehr ein ansprechendes Ristorante mit geschmackvoller Einrichtung, angenehmer Beleuchtung und viel naturbelassenem Mauerwerk. Jeder der ineinander übergehenden, aber in sich abgegrenzten Räume ist individuell gestaltet. Im Sommer kann man auch im heimeligen Vorgarten, teils mit Blick auf den See, die feinen Köstlichkeiten genießen.

KÜCHE: Seit weit mehr als einem Jahrzehnt leitet die engagierte Köchin Emanuela Moretti die Geschicke in der Küche. Ihre Kreationen richten sich ausschließlich nach der Jahreszeit. Jeden Monat steht ein anderes Produkt im Mittelpunkt: Im März dreht sich alles um *Baccalà* (Stockfisch), im April stehen *Kräuter* im Mittelpunkt und im Mai *Spargel*. Besonders berühmt sind die vielfältigen *Kastanien-Variationen* im Oktober.

WEINKARTE: Auf die Weinempfehlungen des Besitzers, Signor Giancarlo Zanolli, kann man sich verlassen. Der Weinliebhaber kennt sich nicht nur mit den Weinen rund um den Lago aus. Weininteressierten zeigt er auch gerne seinen sensationellen Weinkeller. Der Service hier verdient ein besonderes Lob: aufmerksam und sehr herzlich.

PREISNIVEAU: Die Weine beginnen bei 16 € pro Flasche und nach oben sind (fast) keine Grenzen. Einige Weine kann man auch glasweise bekommen: Weißwein ab 3,50 €, Rotwein ab 4,50 €. Antipasti liegen bei 11 €, Primi zwischen 10 und 13 €. Die Degustations-Menüs kosten 31 bis 36 €.

PLÄTZE: 60 Plätze innen, 20 im hübsch gestalteten Vorgarten

SPRACHE: Italienisch, Englisch und ein wenig Deutsch

LAGE: Die Trattoria Kus liegt am Ortsende von San Zeno auf der rechten Seite in einer Kurve. Die Kurvenfahrt dort hinauf lohnt sich auf jeden Fall.

››› **28**

TRATTORIA AGLI OLIVI

𝓔in Traumplatz,
um sich vom Alltag zu erholen:
Mal nicht exklusiv mit überzogenen Preisen,
sondern „semplice ma buono" – einfach aber gut –,
kann man hier eine ehrliche Cucina casalinga genießen
und wird dabei herzlich bedient.

ADRESSE:
Trattoria agli Olivi
Loc. Val Magra, 7 · 37010 TORRI DEL BENACO (VR)
Tel.: +39 045 7 22 54 83

RUHETAG:
Montagmittag · Betriebsferien: November bis kurz vor Ostern

AMBIENTE: Das schönste Ambiente, das auch der neue Wintergarten nicht übertreffen kann, sind die begehrten Plätze unter den ehrwürdigen, alten Olivenbäumen. Doch wenn es mal gewittert am Lago, ist man froh, nicht flüchten zu müssen, sondern mit einem ebenso schönen Blick auf den See die köstlichen Fischgerichte wind- und regengeschützt genießen zu können.

KÜCHE: Die Ex-Ehefrau von Tino kocht alles, was dieser oder seine Freunde aus dem See fischen. Natürlich sollte man nicht auf den *Risotto con la tinca* (Schleien-Risotto) verzichten. Und außerdem ist es ratsam, mit Tino zu plaudern, um zu erfahren, welche Fische er heute empfiehlt. Köstlich sind auch die hausgemachten *Dolci*. Wie es so üblich ist in den meisten Trattorien am See, ändert sich auch hier die Speisekarte wenig. Es gibt das, was es schon immer gab: eine typische Gardasee-Küche. Warum ändern, wenn's schmeckt?

WEINKARTE: Ob Custoza, Soave oder Lugana – die Weißweine der umliegenden Weinregionen sind natürlich gefragt. Aber es lohnt sich, auch mal einen Chiaretto oder Bardolino zum Fisch vom Grill zu probieren.

PREISNIVEAU: Flaschenweine beginnen bei 11 € und liegen durchschnittlich bei 18 €, aber man kann auch feinste Amarone trinken. Antipasti kosten etwa 8,50 €, Primi ebenfalls um 8,50 € und Secondi zwischen 9 und 16 €.

PLÄTZE: Unter den alten Olivenbäumen und im Wintergarten haben insgesamt 140 Personen Platz.

SPRACHE: Italienisch, Englisch und ein wenig Deutsch

LAGE: Das einzige Handicap – die Anfahrt! Für weniger geübte Fahrer ist sie nicht ganz einfach. Vor allem die Zufahrt von Albisano aus kann für tiefer gelegte Fahrzeuge schwierig werden. Die meisten Deutschen haben jedoch kein Problem damit, wie man aus den Autokennzeichen vor der Trattoria schließen kann.

LE GEMME DI ARTEMISIA

Sie suchen das Besondere?
Nicht nur bei den Gerichten,
auch beim Ambiente und bei der Bewirtung?
Dann sind Sie bei Andrea und Lara genau richtig.
Ein echtes l'Atelier del Gusto für schöne Anlässe.

ADRESSE:
Le Gemme di Artemisia
Via Corrubio, 18 · 37010 ALBISANO DI TORRI DI BENACO (VR)
Tel.: +39 045 7 22 57 64
info@legemmediartemisia.it · www.legemmediartemisia.it

RUHETAG:
im Sommer Dienstag, im Winter auch Mittwoch; nur abends geöffnet
Reservierung bis Mittag (!)

AMBIENTE: Die wunderschön gelegene Villa mit Traumblick auf Albisano und den Lago wurde von vornherein als Ristorante konzipiert – einzig allein, um genussfreudige Gäste dort sehr privat und persönlich zu bewirten. Jedes der drei Speisezimmer, jeweils mit separatem Eingang, ist geschmackvoll in einer anderen Farbe gestaltet. Von zwei Räumen und natürlich von der Terrasse aus hat man einen atemberaubenden Blick auf die Dächer von Albisano und den Lago.

KÜCHE: Andrea Messini arbeitete in Tophotels und Spitzenrestaurants weltweit. Zurück in der Heimat verwirklichte er gemeinsam mit seiner Frau Lara den Traum von einem individuellen Ristorante. Seine Küche ist ein raffinierter Mix von internationalen und traditionellen Gerichten. Frische *Meeresfische* stehen im Mittelpunkt, aber ab 2011 gibt es auch ein 5-Gänge-Menü mit Fleisch, inklusive einem Glas Prosecco, einem Glas Recioto zum Dessert und einer Flasche Amarone für jeweils zwei Personen.

WEINKARTE: Man kann hier, dank der fachkundigen Beratung von Lara, gute Weine von relativ unbekannten Winzern entdecken. Sie weiß auch, welche Weine am besten zum Menü ihres Mannes passen.

PREISNIVEAU: Täglich gibt es drei Menüs zur Auswahl. Die Preise liegen zwischen 90 und 130 € (Coperto inklusive), das Spezial-Fleischmenü mit Weinbegleitung kostet 145 €. Die Weine beginnen bei 22 € pro Flasche. Zudem gibt es eine gut sortierte Wasserkarte.

PLÄTZE: Lediglich 16 Personen können hier à la carte speisen. Für Feste stehen 30 Plätze zur Verfügung. Man muss einen Tag vorher reservieren, da Andrea nur für gebuchte Gäste kocht.

SPRACHE: Italienisch, Englisch und Deutsch

LAGE: In Albisano ist das Ristorante gut ausgeschildert.

››› **30**

RISTORANTE AI BEATI

*S*chauplatz: *eine Ölmühle
aus dem 14. Jahrhundert, sensationell gelegen
zwischen Olivenhainen und mit grandiosem „vista sul lago".
Dazu gibt es eine raffinierte Küche und
einen profunden Service. Was will man mehr?*

ADRESSE:

*Ristorante Ai Beati
Via Val Mora, 57/59 – Loc. Beati · 37016 GARDA (VR)
Tel./Fax: +39 045 7 25 57 80
info@ristoranteaibeati.com · www.ristoranteaibeati.com*

RUHETAG:

*September bis Juni: Dienstag und Mittwochmittag,
Juli und August: Dienstag- und Donnerstagmittag*

AMBIENTE: Die antike Ölmühle aus dem 14. Jahrhundert haben Camilla und Piero Francesco Belfanti 2003 übernommen. Sie renovierten mit viel Einfühlungsvermögen, so dass der rustikale Stil der ehemaligen Mühle erhalten blieb, das Ambiente dennoch sehr edel wirkt. Die cremefarben gedeckten Tische und die passenden Hussen harmonieren wunderbar mit den uralten Steinwänden. Ein Abendessen bei Kerzenlicht ist drinnen sehr romantisch, bei schönen Wetter aber, auf der schönen Terrasse, umgeben von uralten Olivenbäumen und mit Blick auf die Bucht von Garda, sicherlich unvergesslich.

KÜCHE: Ausschließlich hochwertige Produkte werden hier verarbeitet – angefangen bei Fisch und Fleisch bis hin zu feinstem Olivenöl. Man isst sehr gut, wenn auch die Preise ein wenig überzogen sind. Ein Standard auf der sonst wechselnden Speisekarte ist der köstliche *Culatello di Zibello mit Parmesanschaum und Birnensauce*.

WEINKARTE: Die Weinkarte bietet eine stattliche Anzahl an Weiß- und Rotweinen aus ganz Italien. Leider ist es, wie öfters in italienischen Ristoranti, nicht möglich gute Weine glasweise zu bekommen. Stattdessen gibt es einige Weine in kleinen (375 ml) Flaschen.

PREISNIVEAU: Die Weine liegen durchschnittlich bei 20 bis 30 €. Antipasti gibt es von 15,50 bis 22,50 €, Pastagerichte kosten 15,50 bis 22,50 € und die Secondi 22,50 bis 35 €.

PLÄTZE: Bis zu 120 Personen haben in der alten, romantischen Ölmühle Platz, und noch einmal so viele auf der traumhaften Terrasse.

SPRACHE: Italienisch, Englisch und Deutsch

LAGE: Von Garda aus nimmt man den zweiten Kreisverkehr in Richtung Costermano und von hier aus ist das Ai Beati gut ausgeschildert.

TRATTORIA AL COMMERCIO

*E in echtes Traditionshaus!
Seit mehr als 35 Jahren ist die Trattoria
ein Garant für traditionelle Gerichte
mitten im Touristenort Bardolino.
Die Weinkarte spiegelt die Liebe zum Wein
des beliebten Patrone wider.*

ADRESSE:
*Trattoria Al Commercio
Via Solferino, 1 · 37011 BARDOLINO (TN)
Tel.: +39 045 7 21 11 83*

RUHETAG:
Dienstagmittag · Betriebsferien: keine

AMBIENTE: Die gemütliche jahrhundertealte Stube mit den dunklen Holzbalken ist in der kühleren Jahreszeit ein Platz zum Wohlfühlen. Sobald es jedoch warm ist, sitzen die Gäste gerne auf der überdachten Terrasse. Seit Jahrzehnten verwöhnt Patrone Renato Dal Prete seine Gäste, darunter auch viele deutsche Stammgäste, die sich hier am Lago häuslich niedergelassen haben. Al Commercio ist nicht eines der üblichen Touristenlokale, die es zuhauf gibt, hier kommen auch Einheimische gerne her, zum einen wegen der feinen Pastagerichte, zum anderen wegen der sensationellen Weinauswahl.

KÜCHE: Die Gerichte, zubereitet von Renatos Schwestern Luisa und Paola, sind traditionell. Man findet hier das, was man in Touristenlokalen vergeblich sucht: *Sfilacci di cavallo* (hauchdünne Streifen von Pferdefleisch), hausgemachte *Bigoli al torchio mit Enten- oder Fohlenragout*, flaumige *Gnocchi mit Käse und frischem Trüffel*, *Fegato alla Veneziana* oder *Trippe alla Parmigiana*. Am Eingang signalisiert ein Schild „Non facciamo pizze" (hier gibt es keine Pizzen) den Gästen, dass es sich um eine „echte" Trattoria handelt. Wie sympathisch!

WEINKARTE: Schon beim Anblick dieser Weinbibel schlägt das Herz der Weingenießer höher. Über 300 verschiedene Weine stehen zur Auswahl, darunter an die 40 Amarone, etwa 30 Süßweine, ein unglaubliches Angebot aus der Toskana und dem Piemont sowie vielen anderen italienischen Weinregionen.

PREISNIVEAU: Flaschenweine gibt es in allen Preissegmenten und immer anständig kalkuliert, deshalb sollte man die offenen Weine links liegen lasssen. Antipasti kosten 9,50 bis 16 €, Primi 8,50 bis 11,50 €, Secondi 9,50 bis 15 € und Dolci um 5 €.

PLÄTZE: etwa 50 Plätze drinnen und 50 draußen

SPRACHE: Italienisch, Deutsch und Englisch

LAGE: Die Trattoria liegt hinter der Kirche S. Nicolo, einige Parkplätze gibt es nahe am Eingang zum Garten.

››› **32**

IL GIARDINO DELLE ESPERIDI

*W*einliebhaber fühlen sich bei der großen Auswahl
im „Garten der Töchter der Nacht" wohl umsorgt.
Susi und ihre Damencrew bieten
feine Gerichte, köstliche Käse- und
Schinkenspezialitäten und seit Kurzem
auch ein fantastisches Teesortiment.

ADRESSE:
Il Giardino delle Esperidi
Via Goffredo Mameli, 1 · 37011 BARDOLINO (VR)
Tel.: +39 045 6 21 04 77 · susannatezzon@tiscali.it

RUHETAG:
Dienstag und Mittwochmittag · Betriebsferien: 23. Dezember bis 7. Januar

AMBIENTE: Schon von außen sieht man, dass es sich hier nicht um ein Touristen-Ristorante handelt. Man spürt die besondere Handschrift der Inhaberinnen: Susanna Tezzon, eine angesehene Sommelière, und ihre Geschäftspartnerin Annamaria. Der Name Esperidi stammt aus einer griechisch-römischen Sage und bedeutet „Töchter der Nacht".

KÜCHE: Marilena, die dritte im Bunde des erfolgreichen Frauenteams, lässt sich immer wieder neue kulinarische Kreationen einfallen. Alle 15 Tage wird die kleine, aber feine Karte den saisonalen Produkten angepasst. Raffinierte *Pastagerichte*, köstliche *Salate* und nicht zu vergessen herausragende *Schinken- und Käsesorten* von außergewöhnlichen Produzenten erfreuen den Gaumen.

WEINKARTE: Glasweise werden etwa 30 verschiedene Weine ausgeschenkt. Wer sich für eine Flasche entscheidet, kann unter 700 Gewächsen auswählen. Neben Weinen aus den umliegenden Weinregionen finden Weinliebhaber hier auch nationale und internationale Weine. Wird die Flasche nicht geleert, kann man sie mitnehmen. Falls einem nicht der Sinn nach Alkohol steht: Seit Kurzem gibt es auch eine Teekarte. Die außergewöhnlichen Teesorten werden perfekt zubereitet und zu den Gerichten passend ausgewählt.

PREISNIVEAU: Die Weine kosten 3 bis 10 € pro Glas. Flaschenweine beginnen bei 13 € und liegen durchschnittlich zwischen 18 und 25 €. Natürlich gibt es auch in höheren Preislagen alles, was den Wein-Fan erfreut. Tees gibt es von 3 bis 5 €. Antipasti kosten um 13 €, Primi 13 €, Hauptgerichte 15 € und die Selektionen von Käse oder Schinken 8 bis 14 €.

PLÄTZE: 30 Personen drinnen wie auch vor dem Eingang

SPRACHE: Italienisch, Englisch und Deutsch

LAGE: Geht man in der Fußgängerzone die Via Goffredo Mameli in Richtung Lungolago, liegt die Enoteca links. Das Haus ist eines der ältesten Gebäude Bardolinos.

>>> **33**

PICCOLO DOGE

$\mathcal{V}$on der Straßenseite aus vermutet man
eher eine Pizzeria als ein feines Fischrestaurant
hinter dieser auffälligen Fassade.
Drinnen und auf der fantastischen Terrasse versteht
man jedoch schnell, was hier angesagt ist:
köstliche Meeresfischspezialiäten und dazu
ein Traumblick auf die untergehende Sonne.

ADRESSE:
Piccolo Doge
Via S. Cristina, 48 · 37011 CISANO DI BARDOLINO (VR)
Tel.:+39 045 6 21 23 93 · www.ristorantepiccolodoge.com

RUHETAG:
Dienstag · Betriebsferien: Mitte Dezember bis Mitte Februar

AMBIENTE: Obwohl das Ristorante ganz in meiner Nähe ist, bin ich immer daran vorbeigefahren – ich vermutete, es sei ein typisches Touristenlokal. Bis mir meine Freundin Ella erzählte, dass man hier ganz romantisch den Sonnenuntergang bei feinen Meeresfischgerichten genießen kann. Die Terrasse ist wirklich sensationell. Die Tische sind edel eingedeckt, und von jedem Platz aus hat man einen herrlichen Blick auf den See. Sollte das Wetter mal nicht so schön sein: Das Ambiente innen ist ebenfalls sehr nobel.

KÜCHE: Meeresfische geben auf der Speisekarte den Ton an, von Antipasti über Primi bis Secondi. Der Mode am Lago entsprechend gibt es selbstverständlich *Pesce crudo,* also eine Auswahl roher *Scampi,* rohem *Thunfisch* und vieles mehr, was sich im Meer tummelt. Die obligatorischen *Pasta frutti di mare* und *Pasta con vongole* schmecken ausgezeichnet und die *Fischgerichte,* ob in der Salzkruste oder gedämpft, sind stets auf den Punkt gegart. Eine angenehme, mediterran geprägte Sommerküche, wenn Sie mal keine Lust auf Lavarello aus dem See haben.

WEINKARTE: Die Weinkarte bietet eine große Champagner- und Spumante-Auswahl, so wie es die Italiener lieben. Die große Bandbreite an Weiß- und Rotweinen kommt von namhaften Winzern aus ganz Italien.

PREISNIVEAU: Die Weine beginnen bei 11 € und liegen durchschnittlich bei 20 bis 30 €. Leider gibt es keine Weine glasweise, lediglich kleine Flaschen. Antipasti kosten 10 bis 30 € (rohe Fisch-Variation), Primi 10 bis 20 €, Secondi 10 bis 25 € und Dolci 5 bis 6 €.

PLÄTZE: Innen finden 100 Personen Platz, auf der schönen Terrasse 160 – mit einer neuen Lounge für Aperitivi.

SPRACHE: Italienisch, Englisch und Deutsch

LAGE: Fährt man von Cisano nach Bardolino, liegt das Piccolo Doge auf der linken Seite. Parkplätze und Bootsanlegesteg vorhanden.

›»› **34**

LOCANDA
AL CARDELLINO

*D*er große Garten mit den alten Olivenbäumen
ist ein Platz zum Wohlfühlen
Die hausgemachte Pasta schmeckt richtig gut,
das Fleisch vom Holzofengrill
ist zart und saftig und
man wird gut satt.

ADRESSE:
Locanda al Cardellino
Via Pralesi, Fraz. Cisano · 37011 BARDOLINO (VR)
Tel./Fax: +39 045 6 22 90 48
www.alcardellino.it · info@alcardellino.it

RUHETAG:
Dienstag · Betriebsferien: Januar

AMBIENTE: Die Locanda ist bei den Einheimischen äußerst beliebt für Hochzeitsfeiern. An den Wochenenden ist das Ristorante deshalb häufig ausgebucht, denn nicht nur der hübsche große Garten, auch der weitläufige Gastraum eignet sich bestens für italienische Familienfeiern. Der Garten erstreckt sich auf zwei Ebenen und ist reichlich bestückt mit alten Olivenbäumen, die Schatten spenden. Eine herrliche Oase der Ruhe unweit der überfüllten Dörfer am Lago – sofern nicht gerade eine italienische Hochzeit gefeiert wird ...

KÜCHE: Zur Begrüßung gibt es oft ein knuspriges Pizzabrot oder einen anderen Leckerbissen. Dann präsentiert Nicola oder ein anderes Mitglied der Familie Modena die täglich frisch zubereiteten *Pasta-Variationen*. Aber Vorsicht, falls Sie anschließend noch eines der perfekt gegrillten Fleischstücke essen wollen: Die Portionen sind großzügig bemessen! T-Bone Steaks, fleischige *Hühner* und *Gardaseefische* kommen vom Holzofengrill, und die *Dolci* sind „fatti a casa".

WEINKARTE: Passend zu den Fleischspezialitäten gibt es Weine aus den umliegenden Weinbaugebieten, viele Rotweine aus dem Valpolicella und Bardolino und glasweise die Weine aus der nahe gelegenen Kellerei Calmasino.

PREISNIVEAU: Flaschenweine liegen durchschnittlich zwischen 12 € und 30 €. Für die Pasta bezahlt man 10 bis 11 €, für das Fleisch vom Grill 16 bis 19 € und für Dolci um 6 €.

PLÄTZE: Im großen Gastraum haben 150 Personen Platz, im Nebenzimmer 50 und unter den Olivenbäumen 60.

SPRACHE: Italienisch, Deutsch

LAGE: Auf der Gardesana in Richtung Bardolino nach dem Ölmuseum rechts abbiegen, nach wenigen Metern sieht man die Locanda auf der rechten Seite.

›› **35**

IL PORTICCIOLO

Giulio Azzi, der Seniorchef des
auch bei Einheimischen
so beliebten Traditionsrestaurants,
fühlt sich nach wie vor in der Küche am wohlsten.
Wie eh und je isst man hier,
nahe der Strandpromenade von Lazise,
gut und traditionell. Ein Muss: Risotto con la tinca.

ADRESSE:
Il Porticciolo
Lungolago Marconi, 22 · 37017 LAZISE (VR)
Tel./Fax: +39 045 7 58 02 54

RUHETAG:
Dienstag · Betriebsferien: 22. Dezember bis Anfang Februar

AMBIENTE: Schön ist es hier im Sommer draußen zu essen. Alternativ gibt es eine, wie häufig in Italien, mit Kunststofffenstern geschützte Terrasse und dann natürlich einen traditionellen Gastraum. Alles echt italienisch und bodenständig.

KÜCHE: „Il titolare", der Chef, ist auch „lo chef" – in Italien der Titel für den Küchenchef. Signor Giulio Azzi achtet in der Küche exakt darauf, dass nur heimische Produkte verwendet werden, hauptsächlich Fische aus dem See. Sein *Risotto con la tinca* ist legendär, ebenso wie seine *Antipasti aus luccio* (Hecht) – klassisch mit *Polenta alla brace* (Polenta vom Grill). Empfehlenswert sind auch die hausgemachten *Tagliatelle mit geräuchertem Lavarello und Pinienkernen*. Und wie es in Italien häufig üblich ist, ändert sich an der Speisekarte nicht viel. Man bleibt traditionell – nach dem Motto: Was gestern gut war, ist auch heute noch gut.

WEINKARTE: Eine Auswahl von rund 100 Weinen steht dem Gast zur Verfügung, wobei die Weißen aus den umliegenden Regionen im Mittelpunkt stehen. Renato, der Sohn von Signor Azzi, empfiehlt gerne auch Weine aus dem Weinbaugebiet Bardolino. Und er hat recht, denn ein Chiaretto oder ein leicht gekühlter Bardolino begleitet die Fischgerichte perfekt.

PREISNIVEAU: Die Preise für eine Flasche Wein beginnen bei 12 € und steigern sich bis 80 € für einen Amarone. Antipasti kosten zwischen 8,50 und 13,50 €, Primi um 9 € und Secondi von 10 bis 14 €, Dolci um 5,50 €.

PLÄTZE: Im Gastraum und auf der windgeschützten Terrasse gibt es etwa 100 Plätze, im Garten 30.

SPRACHE: Italienisch, Englisch und ein wenig Deutsch

LAGE: Das Porticciolo liegt an der Strandpromenade, aber nicht direkt am See. Es gibt private Parkplätze vor dem Haus. Bootsanlegeplatz ist der Hafen von Lazise.

››› **36**

TAVERNA DA ORESTE

*S*eit langem die Adresse,
wenn es um gutes Essen in Lazise geht.
Im Sommer ist die Taverne stark frequentiert
von den heimisch gewordenen Deutschen,
im Winter von genussfreudigen Veronesern.
Perfekt die Lage am Hafen, gut die Küche –
einziges Manko: der oftmals sehr unpersönliche Service.

ADRESSE:
Taverna da Oreste
Via F. Fontana, 32 · 37017 LAZISE (VR)
Tel.: + 39 045 7 50 80 19 · ristorantedaoreste@virgilio.it

RUHETAG:
Mittwoch · Betriebsferien: November

AMBIENTE: Die zwei Speisesäle wurden 2007 neu gestaltet. Nun ist es nicht mehr so rustikal und urig, sondern luftiger und heller, mit riesigen Lampenschirmen, wie sie derzeit in Italien Mode sind. Der Service ist bei Stammgästen überaus freundlich, Gäste, die nicht so bekannt sind, werden häufig sehr unpersönlich bedient. Schade, denn gerade diese Herzlichkeit ist es, die lange in Erinnerung bleibt, – manchmal mehr als eine gute Pasta.

KÜCHE: Die beiden Besitzerinnen Paola und Laura Lucchi haben die Taverna, die eigentlich ein Ristorante ist, von ihren Eltern übernommen und führen sie in ihrem Sinne mit einer „tipica cucina gardesana", aber auch mit einer internationalen Küche. Es gibt frisch gefangenen *Lavarello*, *Persico* und *Sarde del Lago* ebenso wie köstliche *Fischgerichte aus Meeeresfischen und -früchten*. Fantastisch die Vorspeisen, die man sich früher am Büfett selbst holen konnte. Seit dem Umbau wählt man aus der Karte und die Antipasti werden auf Tellern angerichtet serviert.

WEINKARTE: Schwerpunktmäßig gibt es Weißweine aus dem Veneto, allen voran Lugana, Soave und Bianco di Custoza. Für Rotweinfans natürlich auch Valpolicella- und Amaroneweine. Hinzu kommt eine Auswahl aus ganz Italien. Wer keine Flasche möchte, der kann, auf Nachfrage, einige Flaschenweine glasweise bestellen.

PREISNIVEAU: Die Weine liegen zwischen 16 und 30 € und darüber hinaus. Antipasti kosten 12,50 bis 16 €, Primi 11 bis 15 €, Secondi 13,50 bis 23 € und Dolci um 6 €.

PLÄTZE: Innen finden etwa 110 Personen Platz, vor dem Eingang am alten Hafen 40.

SPRACHE: Italienisch, Englisch und Deutsch

LAGE: Direkt am alten Hafen von Lazise und nur zu Fuß oder mit dem Boot zu erreichen. Schöner Blick auf die aus dem 12. Jahrhundert stammende Kirche San Nicolò.

RISTORANTE BOTTICELLI

*N*ahe des Castello Scaligerio gelegen
ist das Botticelli seit 1987 bekannt für
feine Gerichte aus Pesce di lago e di mare.
Ein herzlich geführter,
sehr sympathischer Familienbetrieb.

ADRESSE:

Ristorante Botticelli
Via Rocca, 13 · 37017 LAZISE (VR)
Tel.: +39 045 7 58 11 94 · www.ristorantebotticelli.eu

RUHETAG:

Montag · Betriebsferien: 7. Januar bis 14. Februar

AMBIENTE: Geht man die mittelalterliche Stadtmauer entlang in das Centro storico, liegt das Ristorante auf der rechten Seite, kurz bevor man zum alten Hafen gelangt. Drinnen im historischen Gebäude sorgt eine große Holztheke und eine rustikale Einrichtung vor allem in der kühleren Jahreszeit für Gemütlichkeit. Bei schönem Wetter lockt jedoch die große überdachte Terrasse im ersten Stock. Dort sitzt man sehr angenehm, ein wenig abseits vom Touristentrubel und zudem weht hier häufig ein leichtes Lüftchen.

KÜCHE: Schwerpunkt sind *Fischgerichte vom See und vom Meer.* Empfehlenswert ist es, die gemischten *Antipasti von See- und Meeresfischen* zu genießen, bevor man sich dann einer *Pasta* oder einem *Fisch vom Grill* widmet. Sehr fein sind auch die frisch zubereiteten *Gemüsebeilagen.* Wer keinen Fisch mag, für den gibt es natürlich auch *Fleisch vom Grill* und Pasta ohne Fisch.

WEINKARTE: Hier findet man viele Weine aus den umliegenden Weinregionen, vor allem natürlich Lugana, Custoza und Soave zu moderaten Preisen. Um den Service kümmern sich die Söhne des Patrone.

PREISNIVEAU: Die Flaschenweine bewegen sich zwischen 8 bis 50 €, wobei die meisten zwischen 16 und 18 € liegen. Antipasti kosten 9 bis 18 € (die gemischten Fischvorspeisen), Primi 9 bis 20 € und Secondi 12 bis 19 €. Beilagen werden mit 4,50 € berechnet, ebenso die Desserts.

PLÄTZE: 120 auf der Terrasse, etwa 80 drinnen

SPRACHE: Italienisch, Englisch und Deutsch

LAGE: Geht man vom offiziellen, in Richtung Peschiera gelegenen Parkplatz die alte Stadtmauer entlang, sieht man das Ristorante bereits nach wenigen Minuten auf der rechten Seite.

›› **38**

ENOTECA
CORTE TORCOLO

$\mathcal{I}$n einem gepflegten Innenhof in Cavaion,
wo im Sommer auch Musikfestivals stattfinden,
liegt die von Silvano geführte gepflegte Enoteca mit Bistro.
Hier fühlt man sich auch willkommen,
wenn man nur ein Glas Wein trinkt –
wobei die köstlichen Salate oder
das leckere Fleisch vom Grill nicht zu verachten sind!

ADRESSE:
Osteria Enoteca Corte Torcolo
Via Vittorio Veneto, 1 · 37010 CAVAION VERONESE (VR)
Tel.: +39 045 7 23 54 14 enotecacortetorcolo@tiscali.it

RUHETAG:
Montag · geöffnet von 10.30 bis 14.30 Uhr und von 18 bis 24 Uhr

AMBIENTE: Die heimelige Bar befindet sich mitten in Cavaion in einem Gebäude aus dem 14. Jahrhundert mit gepflegtem Innenhof und alten Olivenbäumen. Die Tische entlang des alten Gemäuers sind vor allem im Frühjahr und Spätherbst perfekt, um die ersten oder letzten Sonnenstrahlen bei einem guten Glas Wein zu genießen. Die drei kleinen Räume im Innern sind kuschelig und gemütlich bei Regenwetter oder im Winter, denn die Enoteca ist ganzjährig geöffnet. Egal, wo man sitzt, man fühlt sich wohl.

KÜCHE: Zum Aperitivo stehen verlockende *Foccacia*, *Tramezzini*, *Oliven* und *Knabbereien* auf der Bar. Aber nicht zuviel naschen, denn die Gerichte, die Silvano Ferronato häufig selbst zubereitet, sind lecker. Man schmeckt, dass er gerne kocht, seien es die verschiedenen *Carpacci*, der *Salat mit Thunfisch*, die *Tagliato di manzo* (Gegrilltes Rindersteak, in Scheiben geschnitten) oder die *Variationen von Crostini*. Mich begeistert die exzellente Auswahl erstklassiger *Olivenöle* und edler alter *Aceti balsamici*.

WEINKARTE: Man kann man etwa 30 verschiedene Weine, Spumanti und Süßweine glasweise bestellen. Zudem gibt es Flaschenweine aus allen Regionen Italiens sowie einige Champagner. Und Silvano hat, wenn man sich dafür interessiert, immer gute Empfehlungen für einen neuen Wein oder Spumante. Zur Aperitivozeit treffen sich dort auch gerne die Einheimischen auf ein Schwätzchen.

PREISNIVEAU: Die glasweise ausgeschenkten Weine und Spumanti liegen bei 2,60 bis 5,50 €. Die Flaschenweine gibt es ab 10 €. Für die kleinen Gerichte bezahlt man 8 bis 14 €.

PLÄTZE: In den romantischen Innenräumen finden etwa 40 Personen Platz, im ruhigen Innenhof ebenfalls 40.

SPRACHE: Italienisch und ein wenig Englisch

LAGE: Die Enoteca liegt in einem antiken Innenhof im Herzen von Cavaion. Man parkt am besten vor dem Pavillon des Schusters, direkt an der Hauptstraße.

»» 39

TRATTORIA
LA VILLA

*Mit Blick auf den Monte Baldo
und die liebliche Hügellandschaft von Cavaion
kann man hier, abseits des Touristentrubels,
auf der hübschen, luftigen Terrasse
eine ehrliche „cucina casalinga" genießen.
Auch bei Einheimischen sehr beliebt.*

ADRESSE:
*Trattoria La Villa
Loc. Villa · 37010 CAVAION (VR)
Tel.: +39 045 7 23 54 26*

RUHETAG:
Montag

AMBIENTE: Anna Maria Mazzi und ihre zwei Schwestern bewirtschaften im Zentrum des kleinen Dorfes Villa die hübsche Trattoria, die es seit über 30 Jahren gibt. 2004 haben die Schwestern die Trattoria umgebaut und neu gestaltet. Obwohl man sich auch im großen, hellen Gastraum sehr wohlfühlt, ist im Sommer natürlich die Terrasse – mit schicken Metallstühlen und orangefarbenen Sitzkissen – wegen des wunderschönen Blicks auf Weinberge und Olivenhaine sehr begehrt.

KÜCHE: In der Küche wirken die Schwestern Mazzi und bereiten klassische, leckere Gardaseegerichte zu: *fein marinierter Luccio* mit traumhaft guten, *gegrillten Polentaschnitten*, *geschmortes Kaninchen oder Lamm*, je nach Saison, und vieles mehr. Eine Karte gibt es nicht, die Gerichte erklärt Anna Maria oder eine ihrer freundlichen Damen und Herren von Service.

WEINKARTE: Die Weine kommen aus den umliegenden Weinregionen. Wer nur ein Glas trinken möchte, der bekommt nicht nur den in Trattorien üblichen *vino sfuso,* sondern nach Belieben auch einen guten Custoza oder einen Bardolino aus der Dreiviertelliterflasche.

PREISNIVEAU: Offene Weine kosten um 8 € pro Liter. Flaschenweine liegen zwischen 11 und 24 €, es gibt aber auch große Gewächse aus dem nahen Valpolicella zu höheren Preisen. Für Antipasti bezahlt man 6 bis 7 €, für Primi um 8 €, für Secondi 8 bis 18 € und für die hausgemachten Dolci um 5 €.

PLÄTZE: 90 Plätze innen, 80 auf der Terrasse

SPRACHE: Italienisch

LAGE: Fährt man von Cavaion in Richtung Bardolino, ist die Trattoria gut ausgeschildert. Sie liegt unweit der Ölmühle Turri. Dort hergestellte Olivenöle und Essige stehen in der Trattoria zum Verfeinern der Gerichte auf den Tischen.

››› **40**

TRE CAMINI

*Es macht Spaß, vom Ristorante
auf den Innenhof
mit dem offenen Grillfeuer zu schauen.
An heißen Sommertagen sind auch
die Plätze vor dem Eingang in das
geschmackvoll renovierte Bauernhaus gefragt.
Spezialität: Fleisch vom Grill.*

ADRESSE:
*Tre Camini
Loc. Murlongo · 37010 COSTERMANO (VR)
Tel.: +39 045 7 20 03 42*

RUHETAG:
Montag; von Mai bis September keiner · Betriebsferien: keine

AMBIENTE: Lediglich eine kleine Stichstraße führt zu dem alten Bauernhof, den Gianni Priante und seine Frau Rossella seit den 80er-Jahren betreiben. Unter einem riesigen Scheunendach sitzend hat man von jedem Tisch aus einen Blick auf den schönen Innenhof mit dem offenen Grillfeuer – das Zentrum des kulinarischen Geschehens. An kühleren Tagen fühlt man sich aber auch im gemütlichen Ambiente der kleinen Nebenräume sehr wohl. An heißen Sommertagen ist es ratsam, einen Platz im schattigen Eingangsbereich zu wählen.

KÜCHE: Für Vegetarier sicherlich nicht der ideale Platz, denn hier dreht sich nahezu alles um *Fleisch*. Dieses ist von sehr guter Qualität und wird fast ausschließlich über der glühenden Glut des Holzofengrills gegart. Es gibt aber auch eine eigene *Fischkarte* – von Antipasti bis Secondo alles aus dem Lago. Um die Wartezeit auf die Piatti zu verkürzen, wird vorab ein *Pinzimonio* (knackiges Gemüse mit Olivenöl und Salz) angeboten. Köstlich, aber nicht als Coperto gedacht (5,50 €). Schade ist es, dass die Qualität der Küche schwankt.

WEINKARTE: Das Herz der Genießer schlägt höher angesichts der Weinauswahl mit vernünftig kalkulierten Preisen. Allerdings hat der Besitzer das Angebot an großen Weinen ein wenig reduziert, da die Italiener derzeit nicht nur Angst um ihren Führerschein haben, sondern auch anfangen zu sparen.

PREISNIVEAU: Weine liegen durchschnittlich bei 16 bis 35 € pro Flasche. Vorspeisen kosten 9 bis 13 €, Fleisch vom Grill 16 bis 20 €. Das Coperto wird mit 3,50 € berechnet.

PLÄTZE: In den vier Speiseräumen haben etwa 180 Personen Platz, im Freien gibt es weitere 110 Plätze.

SPRACHE: Italienisch, Englisch und Deutsch

LAGE: Das Gehöft liegt von Affi kommend in Richtung Costermano ein wenig abseits, aber gut ausgeschildert.

ALLE QUERCE

*Von Affi sind es gerade mal zehn Minuten
in das liebliche Caprino-Tal.
Dort lohnt sich die Einkehr ins Alle Querce:
Das Fleisch vom Grill und die Pasta schmecken gut
und die Kinder können ihre heiß geliebte Pizza ordern –
das alles zu angenehmen Preisen.*

ADRESSE:
Alle Querce
Loc. Ceredello di Sopra · 37013 CAPRINO (VR)
Tel.: +39 045 7 24 18 51

RUHETAG:
Mittwoch · Betriebsferien: 6. bis 31. Januar

AMBIENTE:	Im Sommer sorgen „le querce", die riesigen Eichen vor dem auf einem kleinen Hügel gelegenen Ristorante, für angenehmen Schatten. An kühleren Tagen ist aber auch das schmucke Gastzimmer behaglich. Schön ist der Blick durch zwei halbrunde Fenster auf die alten Eichen. Die Tischdecken und Servietten in frischen Farben sowie die bequemen Holzstühle mit Korbgeflecht verlocken zum längeren Verweilen. Im Sommer, wenn der Garten vorne und hinten besetzt ist, hapert es schon mal mit dem Service.
KÜCHE:	Carlo Bisini und sein Freund Claudio haben 1990 diese Trattoria übernommen und in ein Ristorante mit Pizzeria umgewandelt. Schwerpunkt der Küche, für die Claudio zuständig ist, sind *hausgemachte Tagliatelle* und *Bigoli* – je nach Jahreszeit mit *Wildschweinragout*, *Pilzen* oder *frischem Gemüse*. Das *Kalbskotelett vom Grill*, das ich mir jedesmal dort schmecken lasse, war wie immer einfach „perfetto", aber ebenso alles andere vom Grill. Der Teig der *Pizzen* ist dünn und knusprig. Die *Salate* kann man mit feinem Apfelessig, gutem *Balsamico* sowie *Olivenöl* aus der nahe liegenden Ölmühle von Gutmann marinieren.
WEINKARTE:	Die Weinauswahl ist nicht riesig, aber man kann zu vernünftigen Preisen ordentliche Flaschenweine bekommen. Glasweise gibt es leider nur „vino sfuso" (Wein vom Fass) und der ist keine Offenbarung.
PREISNIVEAU:	Die Weine liegen zwischen 10 und 25 €, Amarone bei 30 € pro Flasche. Antipasti kosten 6,50 bis 9 €, Primi 5,50 bis 10 €, Secondi 7 bis 18 €, Pizzen 6 bis 9 €.
PLÄTZE:	100 Plätze innen, 120 vor und hinter dem Haus
SPRACHE:	Italienisch
LAGE:	Von Affi kommend fährt man Richtung Caprino. Kurz vor Caprino, in Ceredello, geht es rechts den Berg hinauf. Das Alle Querce ist gut ausgeschildert.

›› **42**

RISTORANTE DA CORRADO

*P*ino Castagna, ein berühmter Künstler,
        der in Costermano lebt, hat hier alles gestaltet –
            bis hin zum Geschirr! Warum?
Weil er die raffinierte territoriale Küche
            von Pino und seiner Frau Cristina liebt.
    Wichtig zu wissen: Es gibt abends nur ein Menü.

ADRESSE:
Ristorante da Corrado
Loc. Pazzon · 37013 CAPRINO VERONESE (VR)
Tel.: +39 045 7 26 51 11
ristorantedacorrado@libero.it   www.ristorantedacorrado.com

RUHETAG: *Montag und Dienstag; nur abends geöffnet, außer Sonntagmittag*

AMBIENTE: Das Ristorante hat ein besonderes Flair, was man hier – fernab vom Gardaseetourismus – im Minidorf Pazzon sicherlich nicht erwartet. Die Einrichtung, die Lampen, das Geschirr, sogar die Servietten hat der international berühmte Künstler Pino Castagna aus Costermano gestaltet. Nicht weil der Besitzer so vermögend, sondern weil er ein alter Freund ist.

KÜCHE: Was auf diesen schönen Tellern serviert wird, ist unglaublich kreativ, aber nicht abgehoben, schmackhaft, aber nicht derb, und immer die richtige Menge, die noch Platz für den nächsten Teller lässt. Alles, was Signora Cristina unter Mithilfe ihrer Tochter Silvia in der Küche zaubert, macht Freude. Es ist eine territoriale Küche, bei der bevorzugt heimisches *Federvieh* verarbeitet wird, aber ebenso *Baccalà*, *Forelle* und manchmal auch *Meeresgetier*. Die *Desserts* sind himmlisch und jede Sünde wert! Es hat uns auch 2010 wieder vorzüglich gemundet. Man muss aber dazu sagen, dass man offen sein sollte für kulinarische Überraschungen. Bitte unbedingt rechtzeitig reservieren!

WEINKARTE: Die Weine kommen vorwiegend aus dem Valpolicella, dem Luganagebiet und aus Soave. Auf Nachfrage gibt es einige Weine auch glasweise. Eine schöne Auswahl feiner Tropfen aus ganz Italien runden das Angebot ab und Pino sowie Sohn Giulio beraten gerne.

PREISNIVEAU: Die Weine beginnen bei 9 € und liegen durchschnittlich bei 15 bis 30 €. Das Menü, bestehend aus sieben kleinen Tellern, kostet 40 € und wird bei Tisch erklärt. Kleine Änderungen sind aber immer möglich.

PLÄTZE: 45 Plätze innen und im Sommer 45 Plätze auf der überdachten Terrasse. Aber es gibt nur Entweder-oder.

SPRACHE: Italienisch, Deutsch, Englisch, Französisch

LAGE: Von Caprino geht es ab nach Pazzon. Das Ristorante liegt auf der rechten Straßenseite, nahe der Kirche.

>>> **43**

TRATTORIA AL PONTE

*Schöne Aussicht ist Fehlanzeige,
aber eine gute Hausmannsküche ist garantiert.
Aufgetischt werden Traditionsgerichte
wie Eselsragout mit Polenta
oder hausgemachte Bigoli mit Ragout
und dazu ein Glas Enantio, der heimische
körperreiche Rotwein aus der Terradeiforti.*

ADRESSE:
*Trattoria Al Ponte
Piazza Vittoria, 12 · 37020 BRENTINO BELLUNO (VR)
Tel./Fax: +39 045 7 23 01 09 · stefano.bridi@virgilio.it*

RUHETAG:
Mittwoch · Betriebsferien: 3 Wochen im August

AMBIENTE: An der Bar vorbei, geht es über die Treppe in den ersten Stock und dort erwartet den Gast ein schlichtes, aber sehr gepflegtes Speisezimmer. Weil nicht allzu viele Personen dort Platz finden, ist es sinnvoll, zu reservieren. Das Al Ponte ist nämlich bei Einheimischen sehr beliebt.

KÜCHE: *Eselsragout mit Polenta* – ein altes Familienrezept – lockt mittlerweile auch genussfreudige Touristen ins Dörfchen Belluno. Stefano Bridi, der Patrone und Koch mit kreativen Ideen, wird tatkräftig unterstützt von seiner Mamma Annamaria, die Tag für Tag mit ihm den Kochlöffel schwingt. Ob *Bigoli* (extradicke kurze Spaghetti), oder *marinierte Lachsforellen mit eingelegtem Gemüse* – alles wird hier im kleinen Familienunternehmen nach wie vor eigenhändig zubereitet.

WEINKARTE: Die Weine kommen hauptsächlich aus den umliegenden Weingütern des Trentino oder Veneto. Monica, die Ehefrau des Patrone, und seine Schwester Grazie beraten gerne. Aber wenn es um Rotwein aus der Terradeiforti, und da vor allem um den charaktervollen heimischen Enantio geht, lohnt es sich, Stefano zu fragen. Es gibt eine extra Karte mit Enantio-Weinen.

PREISNIVEAU: Die Weine beginnen bei 10 € und gehen bis 50 € für einen San Leonardo. Antipasti und Primi kosten 5,50 bis 7 €, Secondi 10 bis 15 € und die hausgemachten Dolci um 3 €.

PLÄTZE: 45 bis maximal 50 Personen finden in der Gaststube im ersten Stock Platz.

SPRACHE: Italienisch

LAGE: Man muss aufpassen, dass man an der Trattoria nicht vorbeifährt. Sie liegt mitten in Belluno Veronese vis-à-vis der Kirche – in Richtung Avio auf der rechten Seite. Parken direkt vor dem Haus ist schwierig, aber in dem Dörfchen findet man immer ein Plätzchen.

››› **44**

TRATTORIA ROENO

*G*ute Weine aus der eigenen Kellerei
servient zu einer guten Hausmannskost,
dazu noch hübsch renovierte Gästezimmer
und der Monte Baldo vor der Tür:
der perfekte Ort für
Wanderer, Mountainbiker und Weinfans.

ADRESSE:
Trattoria und Agriturismo Roeno
Via Mama, 1 · 37020 BRENTINO BELLUNO (VR)
Tel./Fax: +39 045 7 23 01 10 · www.cantinaroeno.com

RUHETAG:
Montag
Betriebsferien: 3 Wochen im Juni und je 1 Woche im November und Januar

AMBIENTE: Die drei Geschwister haben gemeinsam mit den Eltern peu à peu einen gut florierenden Agriturismo aufgebaut. Der große Speiseraum im Eingangsbereich ist stets gut besucht, und wenn es wieder mal knapp wird mit den Plätzen, weicht man auf den gleich nebenan liegenden Verkostungssaal aus. Im Sommer sitzen die Wanderer und Biker aber am liebsten auf der Terrasse unter alten Bäumen und entspannen bei einen Glas gutem Wein aus der angesehenen Kellerei.

KÜCHE: Giuseppe und Cristina kümmern sich um den Weinbau und greifen nur dann in den Gastronomiebetrieb ein, wenn Not am Mann ist. Mamma Giuliana schwingt mit großer Leidenschaft den Kochlöffel, während Tochter Roberta und Ehemann Rolando für den Service zuständig sind. La Signora kocht so, wie hier immer gekocht wurde. Keine Experimente, traditionell und gut – eine echte Hausmannskost – mit viel Liebe zubereitet. Besonders köstlich: *Lamm oder Zicklein aus dem Ofen* und dazu natürlich eine *gebratene Polenta*.

WEINKARTE: Hier gibt es Weine aus eigener Produktion. Auf den 21 Hektar sind unterschiedlichste Rebsorten gepflanzt, allen voran ein charaktervoller Pinot Grigio, ein Chardonnay und nicht zuletzt ein beeindruckender Rotwein aus der heimischen Rebsorte Enantio. Alle Weine kann man natürlich auch für zu Hause kaufen.

PREISNIVEAU: Die Weine liegen zwischen 9 bis 22 €, aber natürlich gibt es alle Weine auch glasweise. Antipasti und Primi kosten 6 bis 7 €, Secondi 9 bis 15 € und Dolci um 4 €.

PLÄTZE: 100 Plätze innen, 40 Plätze im Garten

SPRACHE: Italienisch, Englisch und Deutsch

LAGE: Roeno liegt direkt an der Hauptstraße am Ortsende von Brentino Belluno, am Fuße des Monte Baldo.

››› **45**

CROCE D'ORO

*E*in echter Geheimtipp für Liebhaber
von täglich frisch gemachter Pasta!
Mamma Teresa und ihre Schwiegertochter Silvia
sind Meisterinnen der Lasagnetten.
Die dazu servierten Ragouts sind traditionell
und die Gnocchi di patate sensationell flaumig.

ADRESSE:
Croce d'oro
Via Valentini, 55 · 37020 VOLARGNE (VR)
Tel.: +39 045 7 73 23 55 · Federico.crocedoro@virgilio.it

RUHETAG:
Sonntag · Betriebsferien: die letzten drei Augustwochen

AMBIENTE: Stück für Stück modernisieren Federico und seine Frau Sabina die Speisezimmer ihres Traditionsrestaurants, aber gottlob immer sehr dezent und geschmackvoll. Mittags tafeln hier Marmisti (Steinmetze) aus aller Welt, und sie sind begeistert von den köstlichen Lasagnette, einer Art Bandnudeln, von Mamma gemacht. Sehnsüchtig warten vor allem die deutschen Touristen darauf, dass endlich der Garten so weit fertig ist, dass man draußen speisen kann.

KÜCHE: Tag für Tag steht Mamma Teresa in der kleinen Küche und zieht den selbst gekneteten Pastateig hauchdünn auf dem großen Tisch aus, rollt ihn auf und schneidet daraus Lasagnettte, wie die Tagliatelle hier genannt werden. Nebenbei brutzeln *diverse Ragouts* auf dem Herd und das Feuer im offenen *Grill* wartet auf die bestellten Fleischstücke. Liebhaber von *Stockfisch* und *Kutteln* kommen hier ebenfalls auf ihre Kosten. *Gnocchi* gibt es zwar vorwiegend im Herbst, aber falls Federico sie anbietet, sollte man sie unbedingt bestellen. Sie sind so flaumig, dass sie auf der Zunge zergehen.

WEINKARTE: Die Weine kommen aus dem Valpolicella oder der Terradeiforti, der kleinen Weinregion, in der sich das Ristorante befindet. Auf Nachfrage kann man Weiß- und Rotweine, wie auch Spumanti vom nahe liegenden Weingut Albino Armani auch glasweise bekommen.

PREISNIVEAU: Die Weine liegen durchschnittlich zwischen 10 und 25 € pro Flasche. Für Antipasti bezahlt man 6 bis 7 €, für Primi um 7,50 € und für die herzhaften Fleischgerichte (geschmort oder vom Holzofengrill) 8 bis 14 €. Die hausgemachten Desserts kosten 3,50 bis 4 €.

PLÄTZE: 100 Plätze, verteilt auf drei Gasträume

SPRACHE: Italienisch und ein wenig Deutsch

LAGE: Am Ortseingang von Volargne weist ein Schild auf das Ristorante und das dazugehörende Albergo hin.

››› **46**

RISTORANTE STELLA D'ITALIA

*Nicht ganz alltäglich ist dieses Ristorante
im Herzen von Pastrengo.
Der Patrone hat ein gutes Händchen fürs Ambiente,
seine Frau für feine Traditionsküche.
Dazu gibt es Seeblick von der Terrasse.*

ADRESSE:
*Ristorante Stella d'Italia
Piazza Carlo Alberto, 25 · 37010 PASTRENGO (VR)
Tel.: +39 045 7 17 00 34 · www.stelladitalia.it*
RUHETAG:
im Sommer Mittwoch, sonst zusätzlich Sonntagabend

AMBIENTE: Man muss schon aufpassen, dass man nicht vorbeifährt, denn das Ristorante wirkt von der Hauptstraße
aus ziemlich unauffällig. Aber dann, beim Betreten des
Speisezimmers, merkt man rasch, dass hier alles sehr
stilvoll ist. Die Wände schmücken Gemälde, die der
Patrone, der seinen Architektenberuf der Gastronomie
zuliebe aufgegeben hat, immer wieder auswechselt.
Riesige Kristallleuchter sind die Prunkstücke des Spei-
sesaals. Die edel weiß gedecken Tische sind so gestellt,
dass man durch Gespräche am Nachbartisch nicht ge-
stört ist. Besonders schön ist es natürlich, im Sommer
auf der schmucken Terrasse mit Blick auf den Lago zu
speisen. Sehr angenehm: der vis-à-vis liegende große
Gemeindeparkplatz.

KÜCHE: Signora Cristina kocht mit Leidenschaft, und das
schmeckt man. Traditionsgerichte werden aufs Feinste
zubereitet. Empfehlenswerte Spezialitäten, die Sie sich
nicht entgehen lassen sollten, sind *Lumache alla borgog-
nona* (Schnecken auf Burgunderart), *Luccio in salsa con
polenta* (ausgelöstetes mariniertes Hechtfleisch mit Polenta) und nicht zu vergessen *Pferdefleisch* oder die zart
geschmorten *Kalbsbäckchen* und, und, und …

WEINKARTE: Die Weinkarte ist umfangreich mit Schwerpunkt
umliegende Weinregionen. Signor Umberto oder sein
Sommelier stehen gerne beratend zur Seite.

PREISNIVEAU: Die Preise für Weine beginnen bei 15 € und gehen
bis 70 €. Für Antipasti bezahlt man 8,50 bis 10 €, für
Primi 10 bis 15 €, für Secondi 12,50 bis 19 € und für
die unwiderstehlichen Dolci um 6 €.

PLÄTZE: 60 Personen innen, 30 auf der Terrasse

SPRACHE: Italienisch, Englisch und Deutsch

LAGE: Fährt man durch das Dorf Pastrengo in Richtung
Bussolengo, liegt das Restaurant auf der rechten Seite,
direkt gegenüber des großen Parkplatzes.

»» **47**

MIRALAGO

Hier ist alles fest in Familienhand:
Mamma und Sohn Stefano werkeln in der Küche
Tochter Donatella kümmert sich um die Gäste.
Die Pasta ist, naturalmente, hausgemacht
und seit einiger Zeit stehen immer häufiger
Fische aus See und Meer
im Mittelpunkt der Speisekarte.

ADRESSE:
Miralago
Via Morsella, 26 · 37010 PASTRENGO (VR)
Tel.: +39 045 7 17 00 27 · www.miralago.info

RUHETAG:
im Sommer keiner, im Winter Sonntag- und Montagabend

AMBIENTE: Ein gutes Restaurant kommt selten allein, könnte man sagen. Denn aus dem kleinen Ort Pastrengo ist es nun die zweite Empfehlung in diesem Buch – und das zu Recht. Das Miralago ist schlicht und modern eingerichtet, mit hellen Holzmöbeln, die gut zum Veroneser Marmorboden passen. Die beigefarbenen Stofftischdecken und Stoffservietten verleihen dem Speisesaal eine schlichte Eleganz. Sensationell ist die Panoramaterrasse, die im Sommer überaus begehrt ist, denn von hier oben hat man einen herrlichen Blick auf den See.

KÜCHE: Das Miralago war unter Einheimischen vor allem wegen der mittags angebotenen *Pasta-Variationen* beliebt. Kaum war der Teller leer, kam die nächste Pasta. Die vier Primi-Variationen gibt es nach wie vor, aber ansonsten hat sich das Angebot ein wenig geändert, seit sich Stefano mehr und mehr in der Küche engagiert. Natürlich steht ihm seine Mamma noch immer tatkräftig zur Seite, doch sie lässt den Junior auch seine eigenen Kreationen entwickeln, und das tut dem Ristorante gut. Die *Fischgerichte*, ob Antipasti oder Secondi, sind köstlich.

WEINKARTE: Es gibt eine große Auswahl an Weißweinen aus vielen Regionen Italiens, aber auch Bollicine – vom heimischen Spumante bis zum edlen Champagner. Für die Schleckermäuler bietet die Karte an die 15 verschiedene Süßweine, um die hausgemachten Desserts harmonisch zu begleiten.

PREISNIVEAU: Die Preise für Weine sind moderat. Für Antipasti zahlt man zwischen 8 bis 9 €, die Primi-Variationen kosten 12 €, Secondi 10 bis 16 € und Dolci um 5 €.

PLÄTZE: 120 Plätze innen, 40 auf der Terrasse

SPRACHE: Italienisch, Englisch

LAGE: Das Miralago findet man am Ortsende von Pastrengo in Richtung Bussolengo direkt rechts an der Straße.

ALLA COÁ

Ein Paradies für alle,
die saftige Fleischgerichte lieben.
Zudem gibt es Pasta und frische Brötchen,
selbst gemacht aus biodynamischem Mehl.
Und die verlockenden Desserts bereitet
Signora Valentina Tag für Tag für ihre Gäste zu.

ADRESSE:
Alla Coá
Via Brennero, 68/70 · 37026 OSPEDALETTO DI PESCANTINA (VR)
Tel./Fax: +39 045 6 76 74 02

RUHETAG:
Sonntag und Montag

AMBIENTE: Das schmucke Ristorante, das direkt an der Hauptstraße ins Valpolicella liegt, hat Signora Valentina charmant eingerichtet. Coá bedeutet Brut, was etwas erklärungsbedürftig ist: Als Valentina und Luigi das Ristorante vor 35 Jahren eröffneten, erwarteten sie gerade ein Baby. Heute ist der damals geborene Sohn „lo chef", Vater und Mutter stehen ihm zur Seite und der erste Enkel erblickte 2009 das Licht der Welt.

KÜCHE: Während sich Valentina um den Service kümmert, brutzeln Sohn Tommaso und Vater Luigi in der Küche. *Fleisch* steht im Mittelpunkt und das ist immer von allerbester Qualität. Auch die leckere *Pasta* und die krossen *Brötchen* sind handgefertigt, und um den üppig ausgestatteten *Dessertwagen* kümmert sich die Signora höchstpersönlich. Tag für Tag verarbeitet Valentina Unmengen kalorienlastiger Zutaten zu unwiderstehlichen süßen Verführungen.

WEINKARTE: Bei den Weinen liegt der Schwerpunkt natürlich auf den Rotweinen des Valpolicella, aber da haben Valentina und Luigi ihren eigenen Kopf. Die offizielle Weinkarte bietet eine große Auswahl an Weingütern, auch aus ganz Italien, aber die beiden empfehlen gerne ihre Spezialkarte mit biodynamischen Weinen. Entscheiden Sie selbst, was Ihnen besser zusagt.

PREISNIVEAU: Die Weine liegen zwischen 13 und 35 €. Antipasti und Primi kosten um 12 €, Secondi 15 bis 26 € und eine Auswahl der göttlichen Desserts um 7 €.

PLÄTZE: 50 Plätze innen, 25 im kleinen Garten

SPRACHE: Italienisch, Deutsch und Englisch

LAGE: Das smarte Ristorante liegt in Ospedaletto direkt an der Hauptstraße. Wenn man von Affi in Richtung Negrar fährt, auf der linken Seite, vis-à-vis des Hotels Villa Quaranta von Tommasi.

>>> **49**

LOCANDA DEL BUGIARDO

*ie geschmackvoll renovierte Locanda
liegt umgeben von Rebstöcken
zwischen Ospitaletto und San Pietro.
Hier kann man fernab jeden Rummels
sehr gut essen und wird aufmerksam bedient.*

ADRESSE:
Locanda del Bugiardo
Via Cariano, 24/A · Loc. Cariano · 37029 SAN PIETRO IN CARIANO
Tel.: +39 045 6 76 06 81 · www.buglioni.it

RUHETAG:
keiner; mittags und abends geöffnet

AMBIENTE: Die Azienda Agricola Buglioni besitzt mehrere Osterien: eine unweit der Locanda in Negrar, eine im Herzen von Verona und eine in Bozen. Die Locanda, zu der ein in der Nähe liegender Agriturismo mit 16 schönen Zimmern gehört, gibt es seit 2009. Sie ist in einem ansprechend renovierten Bauernhaus untergebracht, relativ einsam gelegen und umgeben von Rebstöcken. Es gibt drei ineinander übergehende Räume und eine Galerie, wo man gemütlich speisen kann. Das unverputzte Mauerwerk, schöne Holzstühle, die riesige Schinkenschneidemaschine und schön gedeckte Tische sorgen für Behaglichkeit. Im Sommer sitzt man unter knorrigen Olivenbäumen auf der Terrasse und genießt den Blick auf die Rebstöcke.

KÜCHE: Was es zu essen gibt, erklären der freundliche Kellner Fabio und seine Kollegen. Zur Wahl stehen jeweils zwei bis drei Antipasti, Primi und Secondi. Zu den Salaten werden das hauseigene Olivenöl und feinste Essige gereicht. Bis das Essen serviert wird, kann man den ersten Hunger mit köstlich knusprigem Brot und Olivenöl stillen. Die Gerichte wechseln fast täglich.

WEINKARTE: Die Weine – von Weißen, über Rosé bis zu den diversen Roten aus Bardolino und Valpolicella – stammen vom hauseigenen Weingut Buglioni in Corrubbio. Alle Weine und bald auch das köstliche Olivenöl kann man in der Locanda auch für zu Hause kaufen.

PREISNIVEAU: Die Weine liegen zwischen 12 und 40 € (Mitnahmepreise sind ebenfalls angegeben). Die meisten Weine gibt es auch glasweise von 3 bis 8 €. Antipasti und Primi kosten etwa 10 €, die Secondi 20 bis 25 €.

PLÄTZE: In den drei Räumen haben etwa 180 Personen Platz, auf der Terrasse 50. Es gibt aber auch eine Kuschelecke für 2 bis 4 Personen.

SPRACHE: Italienisch, Englisch

LAGE: Die gut ausgeschilderte Locanda liegt zwischen Ospitaletto und Corrubio.

››› **50**

GROTO DE CORGNAN

*E*igentlich fühlt man sich bei Sergio Soave,
als wäre man privat eingeladen.
Die vier Speisezimmer sind klein,
der Patrone kommt an jeden Tisch und erklärt
das Menü, das es an diesem Abend gibt.
Tochter Martina kümmert sich charmant
und herzlich um die Gäste.

ADRESSE:

Groto de Corgnan
Via Corgnano, 41 · 37010 SANT'AMBROGIO DI VALPOLICELLA (VR)
Tel.: +39 045 7 73 13 72

RUHETAG:

Sonntag; nur abends geöffnet; Reservierung erforderlich!

AMBIENTE: Beim Betreten des Ristorante vermutet man, aus Versehen in die Küche geraten zu sein: handgemachte Tortellini stehen auf dem Tisch, ein frisch gebackener Kuchen verbreitet seinen Duft und im offenen Kamin lodern Holzscheite – welch ein Willkommen! In der alten Stube nebenan fühlt man sich wie in einem Wohnzimmer – die Holzvertäfelung, der alte Steinboden und die vielen Weinflaschen machen sie sehr heimelig. Im ersten Stock, den man über eine knarrende Holztreppe erreicht, sind drei weitere liebevoll eingerichtete Räume.

KÜCHE: Vor etwa 30 Jahren hat Sergio mit seiner Frau das Ristorante eröffnet und bekocht seither leidenschaftlich seine Gäste. Jeden Abend gibt es ein Menü, das er nach dem kreiert, was er auf seinen Touren auf die Lessina entdeckt: *Pilze*, frische *Kräuter, Trüffel, Honig* bei den Bauern usw. Man kann aus mehreren Primi und Secondi auszuwählen, die ihren Ursprung in der Tradition der Veroneser Küche haben, allerdings den ganz persönlichen Touch des Patrone haben und natürlich jahreszeitlich geprägt sind.

WEINKARTE: Früher hat Sergios Frau, eine ausgebildete Sommelière, die Gäste betreut. Nach ihrem Tod hat Tochter Martina diesen Part übernommen. Tagsüber studiert sie und abends hilft sie mit viel Engagement und Herzlichkeit ihrem Vater im Service.

PREISNIVEAU: Die Weine liegen durchschnittlich zwischen 16 und 30 €, wenn man einen feinen Amarone ordert, natürlich auch höher. Das Menü kostet 50 bis 60 €.

PLÄTZE: Verteilt auf die vier Stübchen finden etwa 40 Personen Platz, vor dem Haus unter der Laube etwa 10.

SPRACHE: Italienisch, Englisch und ein wenig Deutsch

LAGE: In Sant'Ambrogio in Richtung Kirche fahren. Bei der Tankstelle sofort rechts abbiegen, am Ende der Straße sehen Sie schon das beliebte Mini-Ristorante.

››› 51

DALLA ROSA ALDA

*V*on San Giorgio aus hat man nicht nur einen
sensationellen Blick auf das Valpolicella und den Gardasee,
die Fahrt nach oben kann man gleich
mit einem Besuch in der Trattoria Dalla Rosa Alda krönen.
Tradition wird hier aufs Feinste gepflegt!

ADRESSE:
Dalla Rosa Alda · S. Giorgio Valpolicella · 37015 S. AMBROGIO DI VALPOLICELLA (VR)
Tel.: +39 045 6 80 04 11
www.dallarosalda.it · alda@valpolicella.it

RUHETAG:
Sonntagabend und Montag · Betriebsferien: Januar und Februar

AMBIENTE: Von Sant' Ambrogio aus schraubt sich die Straße kurvig nach oben, entlang beeindruckender alter Mauern, die ohne Mörtel halten. In S. Giorgio lohnt sich ein kurzes Verweilen in der romanischen Kirche, eine beliebte Hochzeitskirche. Eine kulinarische Pause bei Dalla Rosa Alda, dem herzlich geführten Familienrestaurant mit Gästezimmern, ist ein Muss. Die drei Speiseräume wirken durch die Natursteinmauern heimelig. Das Blattwerk alter Weinrebstöcke schützt die große Terrasse und bietet kühlen Schatten.

KÜCHE: Rosa Alda ist die Mutter von Lodoviko, dem Patrone des schmucken Restaurants. Obwohl sie mittlerweile über 90 Jahre alt ist, sieht sie in der Küche immer noch nach dem Rechten. Mittlerweile kocht Noris Testi, die Schwägerin des Patrone, nach den alten Traditionsrezepten. Seine Frau Severina ist ebenfalls allgegenwärtig. Ab Herbst kommt man hierher, um einen *Bollito misto* zu genießen und natürlich auch den veronesischen Klassiker *Paparele en brodo con fegatini di pollo* (Nudelsuppe mit Hühnerleber) oder *Tagliatelle Enbogonè* (Tagliatelle mit aromatischen Bohnenkernen). Klingen fremdartig, diese alten Traditionsgerichte, aber ich versichere Ihnen, sie sind absolut köstlich.

WEINKARTE: Die Weinkarte ist geprägt von Weinen aus dem Valpolicella, und die passen auch am besten zu den Gerichten. Grün markierte Weine stammen von Winzern, die sich gegen die Veränderung der Weinlandschaft des Valpolicella wehren. Fragen Sie Lodoviko!

PREISNIVEAU: Von 10 bis 350 € findet man ein faszinierendes Angebot an Weinen aus dem Valpolicella. Antipasti kosten 11 bis 14 €, Primi 9 bis 14 €, Secondi 11 bis 20 € und Dolci 4 bis 6,50 €.

PLÄTZE: 50 Plätze in den drei Gasträumen, 60 auf der Terrasse

SPRACHE: Italienisch, Deutsch, Englisch

LAGE: Die Trattoria liegt in S. Giorgio in der scharfen Rechtskurve. Fahren Sie weiter zur Kirche und parken Sie dort.

››› 52

ANTICA TRATTORIA DA BEPI

*M*itten im Valpolicella-classico-Gebiet
liegt diese Traditions-Trattoria
hochgeschätzt von Einheimischen wie Weintouristen.
Unbedingt empfehlenswert ist
das Lammragout in Amarone –
aber längst nicht nur!

ADRESSE:
Antica Trattoria da Bepi
Via Valpolicella, 14 · 37020 MARANO DI VALPOLICELLA (VR)
Tel./Fax: +39 045 7 75 50 01 · www.anticatrattoriadabepi.it

RUHETAG:
Montag

AMBIENTE: Die Trattoria wurde 50 Jahre von der Familie Lonardi, den Besitzern des Hauses geführt. Vor gut fünf Jahren haben Valentino und seine Geschäftspartnerin Camilla die Geschicke übernommen. Am ursprünglichen Stil hat sich weder beim rustikalen Ambiente noch in der Art des Kochstils grundlegend etwas verändert. Viele Weintouristen kehren gerne hier ein, weil man zu vernünftigen Preisen gut essen kann und alles noch unverfälscht ist. Außerdem vermietet Valentino gleich nebenan fünf hübsche Zimmer, die nach Weinen der Region benannt sind. An schönen Tagen wird draußen unter einer schattigen Laube serviert.

KÜCHE: Für die Küche ist Valtenino Zardini zuständig. Er hat die Gerichte von Rita, der Großmutter des Besitzers Giuseppe Lonardi, teilweise übernommen und das ist gut so. Denn nirgendwo sonst gibt es so ein *Lammragout in Amarone geschmort* und nicht vergessen sollte man die *geschmorten Kalbsbäckchen*, die *Polenta mit Froschragout*, die *Trippe* (Kutteln) oder, falls die Jahreszeit danach ist, feinste *Baccalà*. Die Gäste lieben zudem das feine *Fleisch*, dass Valentino auf dem offenen *Holzofengrill* auf den Punkt grillt.

WEINKARTE: Bei diesen Traditionsgerichten ist klar, dass die heimischen Valpolicella-Weine im Vordergrund stehen. Es gibt natürlich alle Weine der Azienda Agricola Lonardi, aber auch viele weitere entdeckenswerte Weine aus der Region von oft kleinen, noch unbekannten Winzern.

PREISNIVEAU: Die Flaschenweine liegen zwischen 9 bis 70 €, pro Glas bezahlt man 2,80 bis 6 €. Antipasti kosten 5 bis 7 €, Primi 7 bis 11 € und Secondi 9 bis 14 €.

PLÄTZE: 45 Plätze innen, 45 im Garten

SPRACHE: Italienisch, Englisch und Deutsch

LAGE: Von Affi sind es 16 km bis nach Marano und dort finden Sie die Trattoria in der Nähe des Dorfplatzes.

>>> **53**

ENOTECA DELLA VALPOLICELLA

*K*eine klassische Enoteca,
vielmehr ein Ristorante, in dem Ada und Carlotta,
die beiden Betreiberinnen, seit sehr vielen Jahren
akribisch darauf achten,
dass Essen und Wein optimal harmonieren.

ADRESSE:

Enoteca della Valpolicella
Via Osan, 45 · 37022 FUMANE (VR)
Tel./Fax: +39 045 6 83 91 46 · enoteca@valpolicella.it

RUHETAG:

Sonntagabend und Montag
Betriebsferien: die letzte Woche im Juli und vom 24. Dezember bis 6. Januar

AMBIENTE: Ada Riolfi, Mutter von zwei Töchtern und verheiratet mit einem geschätzten Önologen, hatte immer schon gerne gekocht und Gäste bewirtet. 1996 endlich verwirklichte sie ihren Traum und eröffnete in einem Bauernhaus aus dem 14. Jahrhundert die Enoteca Valpolicella. 1998 kam Carlotta Marchesini hinzu und seither führen die beiden gemeinsam das bei Genießern so beliebte Ristorante. Das Ambiente im ersten Stock, dem ehemaligen Heuschober, ist geschmackvoll-rustikal. Obwohl Ada immer wieder mal vorhat, der Enoteca den Rücken zu kehren und sich mehr um ihre Familie und ihre Enoteca in Piazza (Negrar) zu kümmern – bislang ist sie noch sehr aktiv und ich hoffe, sie kocht noch lange in Fumane mit so viel Leidenschaft.

KÜCHE: Obwohl junge engagierte Köche Ada in der Küche zur Hand gehen, ist sie stets allgegenwärtig und gibt ihr Wissen auch gerne weiter. Wann immer ich mal nachmittags vorbeikomme, bereitet sie Füllungen für die Pasta zu oder rührt einen Kuchenteig. Während des Service nimmt sie sich aber Zeit für die Gäste und berät mit viel Einfühlungsvermögen, wenn es um Wein geht.

WEINKARTE: 850 „etichette", wie man in Italien sagt, also verschiedene Weine, mit Schwerpunkt Valpolicella gibt es hier. Aber Ada kennt sich nicht nur bei den Roten des Valpolicella aus, sie ist neugierig und überrascht Gäste immer wieder mit neuen Winzern oder neuen Weinen. Für Weinentdecker ein Eldorado.

PREISNIVEAU: Ein Valpolicella classico kostet zwischen 13 und 15 €, Superiore oder Ripasso 18 bis 28 €, die Amarone beginnen bei 30 €. Antipasti liegen bei 9 bis 11 €, Primi bei 10,50 bis 13 € und Secondi bei 14,50 bis 16 €.

PLÄTZE: 80 Personen finden in den beiden Gastzimmern Platz.

SPRACHE: Italienisch, Englisch

LAGE: Das hübsche rustikale Haus liegt gleich neben dem Agriturismo Corte Forte, wo man praktischerweise übernachten kann. Beides ist in Fumane gut ausgeschildert.

››› 54

L' E N O T E C A
I N P I A Z Z A

D̩as, was Mariuccia und Ada in der Miniküche
zaubern, ist zum Hinknien:
Kreativ und mit viel Liebe zubereitet!
Um die ansprechende Auswahl an Valpolicella-Weinen
kümmert sich Ada.
Klein, aber fein ist auch der hübsche Garten im Innenhof.

ADRESSE:

L' Enoteca in Piazza
Piazza Vittorio Emanuele, 57 · 37024 NEGRAR (VR)
Tel.: +39 045 6 00 02 35 · enotecainpiazza@valpolicella.it

RUHETAG:

Sonntag; abends nur auf vorherige Reservierung geöffnet
Betriebsferien: letzte Juniwoche und vom 24. Dezember bis 6. Januar

AMBIENTE: Direkt auf dem Marktplatz in Negrar, nahe der Kirche hat Giancarlo Vason, Önologe und Besitzer der Kellerei Valentina Cubi, 2004 eine kleine Weinstube eingerichtet – direkt vis-à-vis seines Geburtshauses. Er ist sehr froh darüber, dass die leidenschaftliche Köchin Ada Riolfi die Geschicke dort übernommen hat. Im Parterre erinnert das Ambiente an eine moderne Bar, der Gastraum im Keller ist elegant-rustikal, mit Blick in den hübschen Kräutergarten, wo man im Sommer auch Mariuccias Köstlichkeiten genießen kann. Die Enoteca ist eine angenehme Mischung aus Bistro und Vinothek.

KÜCHE: Mariuccia Rossetto, Adas Freundin, ist ebenfalls eine begeisterte Hobbyköchin und so kreieren die beiden aus den Produkten der Region unwiderstehliche Antipasti, Pasta und vieles mehr. Unbedingt kosten sollten Sie die *Mostarda aus Kirschen* und die *Mostarda aus verschiedenen Gemüsesorten*, die mit einem frischen, duftenden *Ziegenkäse* serviert wird. Im reizenden Garten wachsen die unterschiedlichsten Kräuter, die in der Küche auch reichlich verwendet werden.

WEINKARTE: Über 50 verschiedene Weine aus dem Valpolicella bietet Ada ihren Gästen an. Hinzu kommt eine kleine Auswahl von Weinen, die sie und ihr Ehemann – ein bekannter Önologe – selber gerne trinken.

PREISNIVEAU: Die Flaschenweine – hauptsächlich Rotweine aus der Region – beginnen bei 11 € und gehen bis etwa 250 €. Antipasti kosten 6,50 bis 10 €, Primi 8,50 bis 10 €, Secondi 11 bis 15 € und Dolci 4 bis 5 €.

PLÄTZE: 25 Personen können sich hier verwöhnen lassen, im Sommer gibt es außerdem einige Plätze im Garten.

SPRACHE: Italienisch, Englisch

LAGE: Die Enoteca liegt im Zentrum von Negrar, kurz vor der Kirche auf der linken Seite.

>>> **55**

TRATTORIA CAPRINI

*O*bwohl man einige Kurven in Kauf nehmen muss
um ins kleine Dorf Torbe zu kommen,
gibt es kaum einen Einheimischen,
der die Trattoria nicht kennt.
Denn hier gibt es allerfeinste, handgemachte Lasagnette,
aromatische Ragouts, zarten Schmorbraten und
viele andere regionale Köstlichkeiten.

ADRESSE:
Trattoria Caprini
Torbe · Via Zanotti, 9 · 37024 NEGRAR (VR)
Tel.: +39 045 7 50 05 11 · www.trattoriacaprini.it

RUHETAG:
Dienstagabend und Mittwoch; im Juli und August nur Mittwoch

AMBIENTE: Man hat den Eindruck in ein Privathaus zu kommen. Etwas irritiert steigt man die Treppe hinauf und gelangt in die drei Gasträume mit den schlicht weiß gedeckten Tischen und den dunklen Holzstühlen. In einem Raum sorgt eine Steinmauer für angenehme Stimmung, und vom großen Saal aus gelangt man auf die Terrasse, die im Sommer sehr gefragt ist: Blick auf den Kirchturm und die Weinberge des Valpolicella.

KÜCHE: Das Geheimnis der *Pasta fresca* hat Davide – einer der drei Brüder, die die Trattoria heute führen – von seiner Oma gelernt. Sie gründete die Trattoria 1907 und brachte die Kunst der Pastaherstellung ihrer Tochter und ihrem Enkel bei. Omas Schwester verliebte sich in einen Mann in Volargne und eröffnete dort das Croce d'Oro. Deshalb gibt es die hauchdünnen, handgeschnittenen Nudeln (*Lasagnette*) auch dort. Berühmt ist die Trattoria Caprini auch für das *Fleisch vom Holzofengrill*, der sich in der Küche befindet.

WEINKARTE: Eine große Auswahl an Rotweinen aus dem Valpolicella stehen auf der Weinkarte. Ob „Superiore", „Ripasso" oder „Amarone", immer gibt es einen Wein davon auch glasweise. Sehenswert ist der Weinkeller mit dem alten Brotbackofen – fragen Sie Sergio oder Nicola.

PREISNIVEAU: Die Weinpreise liegen zwischen 12 bis 26 € pro Flasche, Amarone beginnen bei etwa 40 €. Die sensationellen *Lasagnette* kosten je nach Sugo 8,50 bis 9,50 € (*Kaninchen* oder *Brassato al Amarone*), die Secondi 9 bis 13 € und die Dolci 4 bis 6,50 €.

PLÄTZE: 90 Plätze innen, 25 auf der Terrasse

SPRACHE: Italienisch, Englisch und ein wenig Deutsch

LAGE: Am Ortsende von Negrar, in Richtung Mazano, steht auf der linken Seite das Hinweisschild für die Trattoria Caprini. Vier Kilometer geht es kurvig bergauf bis zur Kirche – gegenüber liegt die Trattoria.

>>> **56**

TRATTORIA ALLA RUOTA

*T*raumblick auf das Valpolicella,
liebevoll aus frischen Produkten
zubereitete Gerichte von Lorenza,
eine profunde Weinberatung und
die herzliche Betreuung durch Ehemann Stefano.
Das Paradies für Weinliebhaber und Genießer!

ADRESSE:
Trattoria Alla Ruota
Via Proale, 6 · 37024 MAZZANO DI NEGRAR (VR)
Tel.: +39 045 7 52 56 05 · www.trattoriaallaruota.it

RUHETAG:
Montag und Dienstag

AMBIENTE: Hell, luftig und großzügig, so präsentiert sich die Trattoria. Die Tische sind so gestellt, dass man nicht unweigerlich die Gespräche der Nachbarn mithören kann (muss). Über eine Glasfläche, unter der Weinflaschen aufgereiht sind, gelangt man auf die überdachte Terrasse, von der aus man einem traumhaften Blick auf das Valpolicella-Gebiet hat.

KÜCHE: Gleich vorweg verwöhnt Lorenza die Gäste mit kleinen *frisch gebackenen Brötchen*, belegt mit hauchzartem *Lardo* oder *Schinken*. Die so köstlichen, in Fett ausgebackenen Teilchen hat sie wegen des Fettgeruchs – leider – eingestellt. Alles, was hier auf die Teller kommt, ist regional, kreativ und niemals schwer und übermächtig. Die knackigen *Salate* und das perfekt gegarte *Gemüse*, immer der Jahreszeit angepasst, werden auf einem großen Wagen vor den Tisch gerollt und man wählt aus, worauf man Lust hat – zum Preis von 5 €.

WEINKARTE: Viele spannende Gewächse aus dem Valpolicella und den umliegenden Regionen bietet die Weinkarte. Aber viel interessanter ist es, den „titolare" Stefano, einen profunden Weinkenner, nach seiner Empfehlung zu fragen. Er gibt sie gerne und ist dabei sehr fair.

PREISNIVEAU: Weißweine liegen im Durchschnitt bei 10,50 bis 22 €, Rotweine bei 8,50 bis 28 € pro Flasche; für große Gewächse kann man natürlich auch mehr ausgeben. Antipasti kosten 7 bis 8 €, Primi 8 bis 9 €, Tre di pasta 15 €, Secondi 8 bis 9 €, die ansprechenden Beilagen 5 € und die köstlichen Käseteller 8 €. Für Dolci bezahlt man 8 € und für die begehrten Schokoladen-Variationen 10 € (für Schokofans ein Muss!).

PLÄTZE: 100 Plätze innen, 80 auf der Terrasse

SPRACHE: Italienisch und wenig Deutsch

LAGE: Von Negrar aus geht es kontinuierlich bergauf, bis man hinter Mazzano links den Parkplatz des Alla Ruota entdeckt. Neu: ein Agriturismo mit 8 herrlichen Suiten.

OSTERIA GOTO

*K*eine tolle Aussicht auf den See,
dafür ein riesiger Parkplatz vor der Tür.
Das mag erst mal erschrecken,
aber der Charme des Patrone,
das sympathische Ambiente und
die kreative Küche machen alles wett.

ADRESSE:

Osteria Goto
Piazza Ferdinando di Savoia, 2 · 37019 PESCHIERA (VR)
Tel.: +39 045 9 23 30 14 · osteriagoto@fastwebnet.it

RUHETAG:

Donnerstag
Betriebsferien: Ende November bis Mitte Dezember; im Februar vorher anrufen!

AMBIENTE: Seit 2009 führt Fabrizio, der ursprünglich aus Bologna kommt und viele Jahre in Restaurants in den Trentiner Skigebieten gearbeitet hat, die smarte Osteria. Die Liebe zu seiner Frau hat ihn nach Peschiera geführt und viele Stammgäste freuen sich darüber. Lediglich 20 Personen können in dem gemütlichen Esszimmer bewirtet werden und ebensoviele auf der überdachten Terrasse vor dem Eingang. Man ist sozusagen unter sich und das verleiht der Osteria einen sehr familiären Charme, aber mit der nötigen Diskretion. Man spürt, dass Fabrizio ein Vollblutgastronom mit langer Erfahrung ist.

KÜCHE: Für die Küche hat sich der Patrone einen jungen Koch aus Milano geholt, mit dem er die häufig wechselnden, dem täglichen Marktangebot angepassten Gerichte bespricht. So gut die traditionelle Küche am Lago auch sein mag, die Menschen, die hier leben, freuen sich über kreative Gerichte, wie sie hier angeboten werden. Ich erinnere mich gerne an den raffinierten *Insalata di polpo* oder an den *mit Fenchel im Ofen gebratenen Seefisch*.

WEINKARTE: Die Weinkarte bietet ein breites Spektrum an regionalen Weinen, und das Schöne daran ist, dass sie auch mal von kleinen Betrieben stammen, die noch nicht so bekannt sind. Außerdem wird es Weinliebhaber freuen, dass das Angebot an Weinen aus anderen Regionen Italiens spannend zusammengestellt ist. Erfreulicherweise gibt es auch viele Weine glasweise.

PREISNIVEAU: Die regionalen Weine kosten 13 bis 25 €, aber auch die anderen Weine sind sehr vernünftig kalkuliert. Antipasti liegen bei 8 bis 10 €, Primi um 10 €, Secondi bei 14 bis 17 €, Desserts bei 5 bis 6 €. Das Coperto ist mit 1,50 € sehr moderat, denn die Tische sind schön eingedeckt.

PLÄTZE: 20 Plätze drinnen, 20 überdacht vor dem Eingang

SPRACHE: Italienisch, Deutsch, Englisch

LAGE: Man fährt nach dem Parkplatz an der Hauptstraße links in eine Einbahnstraße und immer an der Stadtmauer entlang bis zum großen Parkplatz.

>>> **58**

TRATTORIA LUISA

*A*bseits vom Touristenrummel
liegt dieses entdeckenswerte Restaurant.
Es ist überaus gefragt bei Genießern aus der Umgebung,
denn Paolo kocht kreativ und sensationell gut,
er ist zudem ein großer Weinfan und
bewirtet seine Gäste überaus herzlich.

ADRESSE:
Trattoria Luisa
Via Frassino, 16 · 37019 PESCHIERA DEL GARDA (VR)
Tel./Fax: +39 045 7 55 07 60 · paolobazzoli2@virgilio.it

RUHETAG:
Dienstag ·
Betriebsferien: die erste Woche im Juni und vom 23. Dezember bis 22. Januar

AMBIENTE: 2006 übernahmen Paolo Bazzoli und seine Frau die Trattoria, die Mutter Luisa seit 1969 betrieb. Der alte Gastraum wurde renoviert: Die Wände sind jetzt Apricotfarben, und die Decke wurden mit üppigen Kronleuchtern ausgestattet, die alles taghell ausleuchten. Nicht gerade schmeichelnd für den Teint, aber eben italienisch! Schön und einladend ist der Eingangsbereich mit verlockenden Flaschen und hausgemachten Köstlichkeiten gestaltet, die man übrigens kaufen kann. Im Sommer speist man auch auf der Terrasse, die leider vor dem Haus an der Straße liegt.

KÜCHE: Paolo Bazzoli, ein begeisterter Koch, leitete viele Jahre den Lebensmitteleinkauf eines Vergnügungsparks, bevor er die Trattoria seiner Schwiegermutter übernahm. Mit „grande passione" kocht er traditionelle Gerichte, denen er eine wunderbare Leichtigkeit und Raffinesse verleiht. Sein Kochstil ist äußerst kreativ und er legt allergrößtes Augenmerk auf qualitativ hochwertige Produkte. Außerdem erfindet er ständig neue Gerichte, wie etwa *frittierte Pasta mit Mozzarrella und Cocktailtomaten*. Großartig schmeckt die traditionelle *Rosentorte*. Unbedingt probieren!

WEINKARTE: Lassen Sie sich von Paolo beraten, welcher Wein am besten passt. Sie können sich auf ihn verlassen. Wer gerne Champagner trinkt: Das Angebot ist enorm und günstig.

PREISNIVEAU: Die Weine liegen zwischen 9 und 60 € pro Flasche. Champagner – etwa Gosset, Ruinart, Dom Perignon und Krug, also alles, was das Herz begehrt, – ab 50 €. Antipasti kosten 8 bis 11 €, Primi 6 bis 8 € und Secondi 8 bis 15 €.

PLÄTZE: 35 Plätze innen, 35 auf der Terrasse vor dem Haus

SPRACHE: Italienisch und ein wenig Deutsch

LAGE: Die Trattoria liegt an der Hauptstraße Richtung Santuario del Frassino, der viel besuchten Wallfahrtskirche.

››› **59**

TRATTORIA BELLA ITALIA

*E in Klassiker bei Einheimischen und Touristen,
dank Wohlfühl-Ambiente,
einladender Weinkarte und herzlichem Service
von Patrone Mauro und seinem Team.
Die Speisekarte bietet saftiges Fleisch vom Grill,
feine Gemüse und knackige Salate.*

ADRESSE:
*Trattoria Bella Italia di Mauro Boni
Via Bella Italia, 4 · 37019 PESCHIERA DEL GARDA (VR)
Tel.: +39 045 7 55 02 29*

RUHETAG:
keiner · Betriebsferien: keine

AMBIENTE: Vor etwa 5 Jahren hat eine Frau bei der Gestaltung des 100-jährigen Traditionslokals, das Mauro Boni nun seit 15 Jahren führt, Hand angelegt. Herausgekommen ist ein völlig anderes Ambiente: tiefrot gestrichene Wände, rot karierte Vorhänge und Tischdecken sowie riesige Bilder als Hingucker. Hier fühlt man sich wohl, was aber auch dem herzlichen Service zu verdanken ist, der mit ein Geheimnis des Erfolgs dieser beliebten Trattoria ist.

KÜCHE: Das Angebot der Speisen beschränkt sich in erster Linie auf die *Spezialitäten vom Grill*. Fleisch steht im Mittelpunkt, aber wer möchte, kann auch einen *gegrillten Fisch vom Lago* genießen. Dazu gibt es köstliches, auf den Punkt gegartes *Gemüse der Saison* oder einen knackigen *Salat*. Bei den Primi hat man hier nicht die Qual der Wahl: *Fettuccine Bella Italia* (mit Kräutern gewürzte Tomatensauce). Auch bei den Antipasti sind lediglich *Salumi* oder *Formaggi* im Angebot. Und zum Dessert gibt es hausgemachtes *Pistazieneis* oder einen hausgemachten *Schokoladenkuchen*.

WEINKARTE: Mitten im Luganagebiet bestimmen natürlich die Weine der Region die Karte, vor allem die vom nahe gelegenen Weingut Ottella. Ansonsten spürt man, dass Mauro ein Weinliebhaber ist. Auf seine Empfehlungen kann man sich verlassen – aus allen italienischen Regionen gibt es Interessantes zu entdecken.

PREISNIVEAU: Weißweine kosten zwischen 11 und 18 €, Rotweine 13 bis 21 € pro Flasche. Für Antipasti und Fettuccine bezahlt man 8 bis 10 €, für Fleisch vom Grill 10 bis 15 € und für das Fiorentina nach Gewicht.

PLÄTZE: 60 Plätze innen und 60 auf der Terrasse

SPRACHE: Italienisch und ein wenig Deutsch

LAGE: Direkt an der Straße von Peschiera nach Sirmione auf der rechten Seite. Man ist geneigt vorbeizufahren, wenn man das Schild „Trattoria" und darunter ganz klein „Bella Italia" sieht, aber es lohnt sich einzukehren.

››› **60**

ANTICA LOCANDA MINCIO

*An heißen Sommertagen
ist es hier besonders angenehm:
Unter schattenspendenden Bäumen sitzen,
dem rauschenden Mincio lauschen ,
und sich mit guten traditionellen Gerichten
verwöhnen zu lassen –
das ist Entspannung vom Alltag!*

ADRESSE:
*Antica Locanda Mincio
Via Buonarroti, 12 · Borghetto · 37067 VALEGGIO SUL MINCIO (VR)
Tel.: +39 045 7 95 00 59 · www.anticalocandamincio.it*

RUHETAG:
*Mittwoch und Donnerstag
Betriebsferien: je 15 Tage im November und im Februar (variabel)*

AMBIENTE: Die schön gedeckten Tische direkt am rauschenden Mincio sind begehrt, und das zu Recht. Denn wenn es sehr heiß ist, sitzt man hier angenehm – der Fluss und die Bäume sorgen für erfrischende Kühle. Aber auch das Innere des geschichtsträchtigen Hauses ist sehenswert und sehr schön. Gegründet hat die Trattoria der Großvater von Gabriele, der Grand Signor der Locanda, die er heute, gemeinsam mit seinem Sohn Paolo leitet. Es gibt drei urgemütliche Gasträume. Im Hauptrestaurant spiegeln Bilder des Malers Federico Bellomi die Geschichte des Hauses wider.

KÜCHE: Gabrieles Ehefrau Zohra, die aus Marokko stammt, kümmert sich seit 25 Jahren um das Kochteam. Die Gerichte sind ein Mix aus Gardesana- und Mantovana-Küche. Empfehlenswert ist der *gegrillte Aal*, aber auch die *Ravioli mit Ente und Trüffel* sind lecker. Köstlich schmeckt das *geschmorte Zicklein*. Es gibt auch eine Karte mit den verschiedenen Olivenölen.

WEINKARTE: Die Weine kommen vorwiegend aus den Weinregionen des Veneto, aber auch aus ganz Italien. Verschiedene Weine kann man auch glasweise bekommen.

PREISNIVEAU: Die Weine beginnen bei 12 € pro Flasche und gehen bis 150 € für große Gewächse. Antipasti kosten 7 bis 14 €, Primi 8,50 bis 13,50 €, Hauptgerichte 11 bis 17 € und die Desserts, „fatti in casa", 4 bis 6 €.

PLÄTZE: In den drei Gastzimmern können 90 Personen speisen, entlang des Mincio ebenfalls 90.

SPRACHE: Italienisch, Englisch, Französisch und gut Deutsch

LAGE: Man parkt entweder auf dem offiziellen Parkplatz von Borghetto oder man fährt über die Brücke, biegt dann links ab und findet nach wenigen Metern einige Parkplätze direkt bei der Locanda.

››› **61**

GATTO MORO

*D as Gatto Moro kann auf eine
hundertjährige Geschichte zurückblicken!
Früher kam man sonntags hierher,
um ein Gläschen Wein zu trinken
und frittierte Fische vom See zu essen.
Und heute?*

ADRESSE:
Gatto Moro
Loc. Borghetto · Via Tiepolo, 8 · 37067 VALEGGIO SUL MINCIO (VR)
Tel .: +39 45 6 37 06 05 /06 · www.hotelfaccioli.it

RUHETAG:
Dienstag und Mittwoch

AMBIENTE: Heute ist das bei Einheimischen so beliebte Traditions-
gasthaus natürlich die ganze Woche über geöffnet. Im
Sommer sitzt man fantastisch unter einer begrünten
Pergola, in der kühleren Jahreszeit drinnen in einem der
typisch italienischen Speisesäle. Die beiden Brüder
Stefano und Francesco kümmern sich um den Service,
und das mit familiärer Herzlichkeit. In der Küche re-
giert die Signora Silvia, die Ehefrau von Francesco, gemeinsam mit drei weiteren Köchen. Das ist unbedingt
notwendig, denn das Restaurant ist gut besucht, auch
außerhalb der Saison.

KÜCHE: *Frittierte Fische* gibt es auch heute noch, aber vorwiegend werden die *Gardasee- oder Meeresfische* auf dem
riesigen *Holzofengrill* zubereitet. Aber es gibt beileibe
nicht nur Fisch, sondern natürlich auch *Fleisch* oder
Hähnchen vom Grill und, wie könnte es in diesem Ort
anders sein, *Tortellini di Valeggio* neben vielen anderen
Pastagerichten. Die Pasta wird mit jahreszeitlich angepassten Sugos serviert. Hier wird traditionell gekocht –
alles, was man seit Generationen auftischt.

WEINKARTE: Die Weine kommen vorwiegend aus den umliegenden
Weinregionen. Natürlich gibt es auch offene Weine,
wobei ich bei dem Preisniveau wirklich dazu rate, eine
Flasche zu bestellen.

PREISNIVEAU: Die Preise für Flaschenweine liegen durchschnittlich
zwischen 20 und 30 €. Antipasti kosten 6 bis 8 €, Primi
8 bis 12 €, Secondi 12 bis 16 € und Desserts 3 bis 6 €.

PLÄTZE: 140 drinnen und im Sommer gibt es weitere 80 unter
der schattenspendenden Pergola.

SPRACHE: Italienisch, Deutsch und Englisch

LAGE: Von Valeggio kommend überqueren Sie die Brücke
Visconti. Am Ende biegen Sie links ab in Richtung
Borghetto. Nach wenigen hundert Metern geht es
links über eine schmale Brücke, dann weiter bis zum
Ristorante. Parkplätze gibt es vor dem Eingang.

>>> **62**

ALLA BORSA

*E*s gibt kaum ein Ristorante im Veneto,
das so einhellig von allen als Nr. 1 bezeichnet wird,
wenn es um hauchdünne, auf der Zunge zergehende,
handgefertigte Tortellini di Valeggio geht.
Rechtzeitiges Reservieren ist deshalb empfehlenswert.

ADRESSE:
Alla Borsa
Via Goito, 2 · 37067 VALEGGIO SUL MINCIO (VR)
Tel.: +39 045 7 95 00 93 · www.ristoranteborsa.it

RUHETAG:
Dienstagabend und Mittwoch; von November bis März auch Sonntagabend
Betriebsferien: Mitte Juli bis Mitte August, Ende Februar bis Anfang März

AMBIENTE: Typisch für italienische Restaurants: ein großer Speise-saal – im Alla Borsa sind es sogar mehrere – in dem laut-stark getafelt wird. Das Ristorante ist bei den Einheimi-schen auch für Familienfeste überaus beliebt, und da die italienischen Familien groß sind, ist es ohne Vorbestel-lung schwierig, einen Platz zu ergattern. Die Tische sind perfekt eingedeckt, neu sind die unterschiedlichen, bun-ten Murano-Gläser, die man auch kaufen kann.

KÜCHE: Tag für Tag kneten und formen fleißige Frauen die win-zigen Tortellini. Das ist Tradition seit 1959, als Alceste Pasqualini die Trattoria in der Altstadt von Valeggio eröffnete. Täglich gibt es, neben den Klassikern mit *Fleisch- und Kürbisfüllung,* auch der Jahreszeit entspre-chend gefüllte Tortellini. Köstlich auch die *Polenta,* die *Fleischgerichte* und nicht zu vergessen die verführeri-schen *Desserts.*

WEINKARTE: Im Mittelpunkt stehen Weine aus Custoza, Bardolino und Valpolicella. Zu den Tortellini passt ohnehin am besten ein fruchtiger Custozawein. Isacco, der überaus herzliche Kellner, der ein wenig Deutsch spricht, ist ein profunder Weinkenner, und auf seine Empfehlung kann man sich verlassen.

PREISNIVEAU: Die Weinpreise bewegen sich zwischen 9 und 30 €, es gibt zwei Weiß- und vier Rotweine glasweise für 2,50 bis 5 €. Die „Tris", drei verschiedene Tortellinisorten, kosten 17 €. Andere Pastagerichte liegen bei 10 €, Secondi bei 10 bis 15 € und die Desserts bei 4,50 €.

PLÄTZE: Bis zu 200 Personen können sich die sensationellen Tortellini in den drei Speisesälen schmecken lassen, und im Sommer im hübschen Innenhof weitere 100.

SPRACHE: Italienisch, Deutsch und Englisch

LAGE: Unweit der Kirche von Valeggio liegt das apricotfarben gestrichene Restaurant. Direkt gegenüber gibt es einige hauseigene Parkplätze.

››› **63**

TRATTORIA AL FORNELLO

*𝓔ndlich wird dieses Restaurant empfohlen,
werden viele deutsche Gäste sagen.
Denn hier fühlen sie sich seit vielen Jahren sehr wohl,
genießen die nach und nach servierten leckeren Antipasti,
die traditionelle Pasta und
das saftige Fleisch vom Grill.*

ADRESSE:
Trattoria Al Fornello
Loc. Fornello · 37067 VALEGGIO SUL MINCIO (VR)
Tel.: +39 045 7 95 03 23

RUHETAG:
Mittwochabend und Donnerstag

AMBIENTE: An schönen Sommertagen sitzt man vor dem Haus unter schattenspendenden Bäumen und lässt sich von Luciano und seinem Familienteam verwöhnen. Sollte der Wettergott mal mit Sonne und Wärme sparen, ist es auch drinnen in den zwei Stuben sehr heimelig. Dafür sorgen die dunklen Holzstühle, die gelben Wände und die mit Stofftischdecken und -servietten gedeckten Tische. Vor über 20 Jahren haben Lucianos Eltern die Trattoria eröffnet und es gab alles selbstgemacht, vom Brot über die Salami bis hin zu den eingelegten Früchten und natürlich Wein.

KÜCHE: Auf Hausgemachtes legt man auch heute noch Wert. Vor 12 Jahren kam Luciano auf die Idee, mit den nach und nach auf kleinen Tellern servierten Antipasti. Das ist immer noch ein großer Erfolg und die Ideen für die schmackhaften Appetitmacher gehen ihm nicht aus. Sie richten sich immer nach der Jahreszeit, vor allem was die Gemüseteller betrifft. Ich kann mich nicht mehr erinnern, wie viele von den schmackhaften Piatti wir serviert bekamen, aber ich vermute, es waren zehn bis zwölf – allesamt sehr lecker!

WEINKARTE: Familie Buniotto macht selber Wein, aber nur für das Ristorante, wo er offen ausgeschenkt wird. Es gibt aber auch eine Weinkarte mit Weinen aus der Region und dem restlichen Italien und das zu vernünftigen Preisen.

PREISNIVEAU: Die Flaschenweine liegen bei 11 bis 25 €. Antipasti-Variationen kosten 11 €, Primi 7 bis 10 €, Secondi 9 bis 14 € und Formaggi 10 €.

PLÄTZE: 60 Gäste finden drinnen und draußen Platz, aber es gibt nur ein Entweder-oder.

SPRACHE: Italienisch, Englisch, Deutsch

LAGE: Kurz vor der Abbiegung nach Valeggio folgen Sie der Ausschilderung nach Fornello.

››› **64**

TRATTORIA AL PONTE

𝒰nscheinbar außen,
einfaches Trattoria-Ambiente von annodazumal drinnen,
aber „si mangia veramente bene".
Deshalb ist die Trattoria seit jeher
weit und breit so beliebt und
eine Reservierung unbedingt empfehlenswert.
Das i-Tüpfelchen: Valerias Tiramisu und Apfeltorte.

ADRESSE:
Trattoria Al Ponte
Via Corrobiolo, 38 · 37066 SOMMACAMPAGNA (VR)
Tel.: +39 045 8 96 00 24

RUHETAG:
Montagabend und Dienstag
Betriebsferien: Weihnachten und Ostern und die letzten drei Wochen im August

AMBIENTE: Eine klassische italienische Trattoria. Nicht gerade urgemütlich, ziemlich schlicht und abends natürlich „gut" beleuchtet. Über die Bar gelangt man in zwei Gasträume, die mittags wie abends stark frequentiert sind. Das Al Ponte ist im ganzen Umkreis bei den Einheimischen wegen der köstlichen traditionellen Küche und der vernünftigen Preise sehr geschätzt.

KÜCHE: Ein echter Familienbetrieb: Valeria Dalfini, ihr Ehemann Angelo und ihr Sohn Carlo teilen sich die Aufgaben in der Küche und im Service. Papà kümmert sich hauptsächlich um die Secondi und Mamma ist eine Meisterin in Sachen Dolci. Alleine ihr *Apfelkuchen aus Pasta sfoglia* und das auf der Zunge zergehende *Tiramisu* mit der lockeren Mascarponecreme sind die Fahrt wert. Die Karte ist immer gleich. Es gibt, was es seit jeher gab, und das ist sehr gut.

WEINKARTE: Eine kleine Auswahl Weine aus Custoza, Lugana, Bardolino und dem Valpolicella zu moderaten Preisen begleiten die Veroneser „piatti tipici". Die Einheimischen trinken mittags meist offene Weine, aber bei den günstigen Preisen für Flaschenweine rate ich zu diesen.

PREISNIVEAU: Eine Flasche Custoza von Cavalchina kostet 7 €, ein Lugana 12 € und für einen Valpolicella Ripasso muss man etwa 22 € rechnen. Antipasti und Primi liegen bei 7 bis 8 €, Secondi zwischen 10 und 12 € und die Desserts bei 3 bis 5 €.

PLÄTZE: 50 bis 60 Plätze innen, 40 im Garten

SPRACHE: Italienisch

LAGE: Wenn man von der Autobahnausfahrt Sommacampagna kommt, geht es eigentlich immer geradeaus. Die Trattoria Al Ponte liegt an der Hauptstraße in Richtung Villafranca auf der rechten Seite. Zahlreiche parkende Autos links und rechts der Straße signalisieren, dass man die Trattoria erreicht hat.

››› **65**

ANTICA BOTTEGA DEL VINO

*D*ie Nachricht, dass das Traditionshaus schließt,
war 2010 für Weinliebhaber ein Schock!
Nun hat sich eine Gruppe von Winzern
und Gastronomen zusammengetan
und seit Anfang 2011
gibt es die berühmte Bottega wieder.

ADRESSE:
Antica Bottega del Vino
Via Scudo di Francia, 3 · 37121 VERONA (VR)
Tel.: +39 045 8 00 45 35 · www.bottegavini.it

RUHETAG:
Montag; während der Vinitaly-Messe und im Sommer keiner

AMBIENTE: In diesem traditionellen Veroneser Ambiente einer Osteria atmet man den Geist des Weines. Familie Barzan hat das typische Ambiente der alteingesessenen Osteria stets bewahrt und ihr lediglich 1989 den jetzigen Namen gegeben. In dieser einmaligen Enoteca wurde schon im 17. Jahrhundert Wein verkauft und Signor Barzan hat diese Weinleidenschaft neu belebt. Heute ist die Bottega die zweitgrößte Enoteca (nach der Anzahl der Etiketten) Italiens. Im romantisch-schönen Weinkeller schlummern fein geordnet und penibel registriert über 3000 verschiedene Weine.

KÜCHE: Seit 1990 leitet Fabio de Guidi die Geschicke der stets ausgebuchten Bottega. „Er ist aber nicht nur der Chef des Hauses, er gehört zur Familie," fügt Deborah, die Tochter der Barzans hinzu. Sie und ihre Mutter sind tagsüber in der Enoteca, abends kümmert sich der Vater um die Gäste. Die Küche ist traditionell veronesisch geprägt, ein „must" ist der *Risotto all'Amarone*.

WEINKARTE: Über die Weine der Bottega zu sprechen, ist müßig: Über hundert verschiedene Weine – glasweise – stehen auf der großen Schiefertafel und laden zum Verkosten ein. Neben Weinen aus sämtlichen italienischen Regionen findet man natürlich auch Weine aus aller Welt.

PREISNIVEAU: Die Preise für ein Glas Wein liegen durchschnittlich bei 1 bis 15 €, je nach Weinspezialität oder -rarität kann es jedoch auch mehr werden. Für Antipasti bezahlt man 9 bis 14 €, für Primi 10 bis 14 €, für Secondi 15 bis 22 € und für Dolci 8 €.

PLÄTZE: Etwa 80 Weinliebhaber finden in den beiden antiken Gasträumen Platz. Während der Vinitaly platzt die Bottega allerdings aus den Nähten.

SPRACHE: Italienisch, Englisch, Französisch und Spanisch

LAGE: Die Bottega liegt in der Altstadt von Verona und ist nur zu Fuß erreichbar.

››› **66**

L'OSTE SCURO

*P*esce crudo – rohe Fische, super frisch,
die bekommen Sie hier garantiert – aber nicht nur.
Simone Lugoboni bereitet aus frischem Fisch
kreative, köstliche Gerichte zu.
Das rustikale Mauerwerk, die schönen Bilder
und der herzliche Service tragen dazu bei,
dass man sich hier rundum wohlfühlt.

ADRESSE:
L'Oste Scuro
Vicolo S. Silvestro, 10 · 37122 VERONA (VR)
Tel.: +39 045 59 26 50 · www.ristoranteostescuro.com

RUHETAG:
Sonntag und Montagmittag
Betriebsferien: 2 Wochen Mitte August und vom 25. Dezember bis 7. Januar

AMBIENTE: Die freigelegten Mauern stammen aus dem 7. Jahrhundert und die Bilder von dem Künstler Andrea Padovani. Dieses Wohlfühl-Ambiente runden schlichte Holzstühle und senfgrüne Tischdecken perfekt ab. Ein Platz für ein romantisches Dinner, aber auch für ein entspanntes Mittagessen nach einem Stadtbummel. L'Oste Scuro war immer schon eine Osteria, aber am 28. März 1998 wurde es dank des kreativen Kochs Simone Lugoboni ein beliebtes und geschätztes Fischrestaurant. Serviert werden alle Gerichte auf handbemalten Keramiktellern von Caleca, einem berühmten Keramikbetrieb in Sizilien.

KÜCHE: Simone und seine Kochbrigade verwöhnen mit Köstlichkeiten aus dem Meer. Von den Antipasti über Primi bis zu den Secondi – überall sind *Meeresfische* oder *Krustentiere* die Protagonisten. Beliebt derzeit, vor allem bei den Veronesern, sind allerfeinste *Austern* und *Pesce crudo* (rohe Fische und Krustentiere), die man hier unbesorgt essen kann, denn Simone kauft nur das Beste. Garantiert fischfrei sind die Desserts!

WEINKARTE: Wie sehr italienische Gourmets Champagner lieben, spiegelt auch diese Karte wider. Alles, was gut und teuer ist, kann man sich hier munden lassen, aber auch viele großartige Spumanti aus Norditalien. Neben den Weinen aus Soave, Lugana und dem Valpolicella findet man auch viele bekannte Kellereien aus ganz Italien auf der neuen, spannenden Weinkarte.

PREISNIVEAU: Weißweine und Rotweine beginnen bei 14 € und gehen bis 200 €. Antipasti kosten von 14 bis 42 €, Primi 19 €, Secondi 26 bis 40 € und Dolci 11 €.

PLÄTZE: 40 Gäste können kulinarisch verwöhnt werden.

SPRACHE: Italienisch, Englisch und Französisch

LAGE: Die Osteria liegt 400 Meter von der Piazza Bra und 200 Meter vom Castelvecchio entfernt. Parkplätze gibt es beim Castelvecchio.

›› **67**

OSTERIA GIULIETTA E ROMEO

*U*nweit der Piazza delle Erbe,
auf dem Weg zur Kirche S. Anastasia,
findet man diese charmante Trattoria,
wo man zu reellen Preisen eine köstliche
„tipica cucina veronese" und dazu
ein gutes Glas Wein genießen kann.

ADRESSE:
Osteria Giulietta e Romeo
Corso S. Anastasia, 27 · 37121 VERONA (VR)
Tel.: +39 045 8 00 91 77

RUHETAG:
Sonntag und Montagmittag

AMBIENTE:	In einer kleinen Gasse in Richtung S. Anastasia liegt diese Trattoria auf der linken Seite. Mittags essen hier Angestellte, die in der Stadt arbeiten und Touristen, die zufällig vorbeikommen. Durch ein Holzportal tritt man in die Gaststube, die in freundlichem hellem Gelb gestrichen ist. Die rot-weiß karierten Tischdecken und Servietten sowie die bunten Holzstühle signalisieren sofort, dass man hier in einer Trattoria ist. Der Gastraum ist gemütlich, im ersten Stock speisen häufig Gruppen. Der Weinschrank neben der Bar im Eingang ist ein Signal für Weinliebhaber, dass gute Weine hier eine Rolle spielen.
KÜCHE:	Die Gerichte sind typisch veronesisch, angefangen von den *Bigoli al torchio con ragout di asino o con anatra* (Bigoli mit Esels- oder Entenragout) und natürlich gibt es auch *Venezianische Kalbsleber*, wahlweise mit *Polenta* oder *kross gebratenen Kartoffelscheiben*. Hinzu kommen einige Gerichte mit *Cavallo* (Pferd). Die *Salate* sind knackig und zum Marinieren stehen feines Olivenöl und guter Essig bereit.
WEINKARTE:	Wer lediglich ein Glas Wein trinken möchte, hat einige Winzer aus dem Umland zur Auswahl. Wer eine Flasche ordert, der lässt sich am besten von Gianni, dem „titolare" (Besitzer), beraten.
PREISNIVEAU:	Ein Glas Wein liegt bei 3 bis 8 € (Amarone), italienisches Bier bei 4 € pro Glas und bis 14 € pro Flasche (75 cl). Antipasti kosten 6 bis 8 €, Primi 7 bis 8 €, Secondi 10 bis 20 € und Desserts 4 bis 5 €.
PLÄTZE:	Die Trattoria besteht aus drei einladenden Gastzimmern: eines gleich im Eingangsbereich, ein weiteres eine Stufe höher und das dritte eine Stufe tiefer. Insgesamt können 60 Personen bewirtet werden.
SPRACHE:	Italienisch, Englisch, Französisch und Deutsch
LAGE:	Geht man am Ende der Piazza delle Erbe in Richtung Santa Anastasia, liegt die Trattoria kurz vor der Kirche auf der linken Seite.

›››› **68**

PIZZERIA DU DE COPE

*P*izza vom Feinsten und dazu
eine große Auswahl italienischer Biere.
Zugegeben, das klingt eigenwillig, aber Giancarlo Perbellini,
Veroneser Zwei-Sterne-Koch, hatte Recht,
denn ausschlaggebend für den Erfolg ist nur die Qualität.
Wer danach noch Lust auf Süßes hat,
der wird Augen machen!

ADRESSE:
Pizzeria Du de Cope
Galleria Pellicciai · 37121 VERONA (VR)
Tel.: +39 045 59 55 62 · www.pizzeriadudecope.it
Neu: Du de Cope am Stadtplatz in Villafranca!

RUHETAG:
keiner in Verona, in Villafranca Montag und Dienstagmittag

AMBIENTE: Holzstühle in Rot, Grün oder Blau lackiert, dunkle quadratische Holztische in Reih und Glied entlang der blau-weiß gekachelten Theke, das hat schon was! Das charmante Gastzimmer befindet sich in einem alten Palazzo mit hohen Wänden, die durch moderne, in Rottönen leuchtende Bilder aufgelockert werden. Holzbalken an der Decke und alte schlichte Lampen unterstreichen die Wohlfühl-Atmosphäre.

KÜCHE: Giancarlo Perbellini, Zwei-Sterne-Koch in Isola Rizza, nahe Verona, hat vor einigen Jahren diese Edel-Pizzeria eröffnet. Edel vor allem hinsichtlich der verwendeten Produkte. Alle Pizzen werden mit Büffelmozzarella belegt, und der Gast kann unter 15 verschiedenen Pizza-Variationen wählen. Es gibt aber auch *Schiacciate* – Fladen, die ähnlich wie Flammkuchen ohne Tomaten, nur mit *Lardo und Rosmarin* oder mit *Schinken* gebacken sind. Auf der Karte stehen außerdem *Salate, Gnocchi, Burrata, Prosciutto mit Melone* und einiges mehr. Und natürlich unwiderstehlich: das berühmte Dolce von Perbellini, die *Millefoglie allo Stracchino.*

WEINKARTE: Weine gibt es natürlich auch, und sogar von deutschen Topwinzern. Aber hier steht das Bier im Vordergrund: 21 Sorten aus Italien, die alle in 0,75-l-Flaschen in Kühlern wie Wein serviert werden.

PREISNIVEAU: Die Weine kosten pro Flasche 15 bis 35 €, pro Glas ab 3,50 €. Für ein kleines Glas Bier zahlt man 3 €, für ein media Glas 4,50 €. Pizzen kosten 5 bis 14 €, Salate um 11 € und die verlockenden Dolci 4,50 bis 6,50 €.

PLÄTZE: 75 Plätze innen, weitere 15 in der Galleria vor der Tür

SPRACHE: Italienisch, Englisch und Deutsch

LAGE: Von der Piazza delle Erbe geht in der Mitte die Via Pellicciai weg, an deren Ende sich rechts die Galleria befindet. Neu: Pizzeria Du de Cope in Villafranca am Stadtplatz!

>>> **69**

OFFICINA
DEI SAPORI

*G*eschmackvoll das Ambiente,
kreativ und lecker die Gerichte,
mit denen drei junge Köche
seit dem Frühjahr 2010
die fischbegeisterten Veroneser erfreuen.

ADRESSE:
Officina dei Sapori
Via G.B. Moschini, 26 · 37129 VERONA (VR)
Tel.: +39 045 91 38 77 · www.officinasapori.com

RUHETAG:
Samstagmittag und Sonntag

AMBIENTE: Der ursprünglich aus Sizilien stammende Giuseppe Scalici hat bereits viele Jahre Erfahrungen in der Gastronomie gesammelt, bevor er es wagte, mit einem Team von drei jungen, kreativen Köchen, die Officina dei Sapori (Geschmackswerkstatt) zu eröffnen. Das Interieur ist modern und elegant und bildet einen gelungenen Kontrast zum alten, teilweise original belassenen Gemäuer des Palazzo.

KÜCHE: Protagonisten auf der kleinen, wohlklingenden Speisekarte sind Meeresfische und Krustentiere – abwechslungsreich zubereitet, wie *Capesante gratinate alle erbette con crema di burrata ai sapori mediterranei* (Jakobsmuscheln mit Kräutern gratiniert, dazu eine Creme aus Burrata mit mediterranen Aromen). Das klingt nicht nur spannend, es schmeckt auch wirklich gut. Die Liebe des sizilianischen Patrone für leicht bekömmliche, mediterrane Gerichte zieht sich wie ein roter Faden durch alle Gerichte.

WEINKARTE: Die Weinkarte ist noch verhältnismäßig klein und so mancher feine Tropfen zu den köstlichen Gerichten fehlt noch. Aber die Preise sind moderat.

PREISNIVEAU: Die Weine liegen durchschnittlich bei 12 bis 30 €. Antipasti kosten 12 bis 16 €, Primi 19 €, Secondi 20 bis 25 € und die Spezial-Fischplatten 30 bis 45 €. Das 4-Gänge-Degustationsmenü gibt es für 55 €, inklusive Coperto, Wasser und Caffè (ohne Wein).

PLÄTZE: Bis 50 Personen können hier in aller Ruhe genussvoll speisen, 12 Personen im alten Weinkeller.

SPRACHE: Italienisch, Englisch, Französisch und Deutsch

LAGE: Überquert man die Porta Nuova von der Altstadt kommend, geht man erst ein paar Meter links und biegt dann rechts in die Via Marsala ab. Die zweite Straße rechts ist die Via B. B. Moschini. Gehen Sie diese entlang bis zum Ristorante.

›› **70**

RISTORANTE MARIA CALLAS

*S*ie lieben den Gesang der unvergesslichen
Maria Callas und essen gerne gut?
Dann ist das in der Nähe der Arena liegende
Restaurant genau das richtige für Sie.
Faszinierend ist ein Sommerabend
im wunderschönen Innenhof.

ADRESSE:
Ristorante Maria Callas
Vicolo Cieco S. Pietro Incarnario, 5 · 37122 VERONA (VR)
Tel.: +39 045 59 40 34 · www.mariacallas.it
RUHETAG:
Sonntag

AMBIENTE: Beim Namen dieses Restaurants erwartet man natürlich eine Geschichte: 1947 kam Maria Callas nach Verona und traf dort Battista Meneghini, ihren späteren Ehemann. Er war sehr reich, liebte sie abgöttisch und machte aus ihr „La Callas". Sie wohnten einst in der Nähe des jetzigen Ristorante und Guido Morari (Besitzer des Ristorante), damals noch ein Kind, sah sie zwei Mal. Vor gut 10 Jahren kam er auf die Idee, sein Restaurant nach ihr zu benennen. Er bat die Schwester der großen Sängerin um Erlaubnis und wie man sieht – es hat geklappt! Das Lokal ist ruhig gelegen und dennoch mitten in der Stadt. Im traumhaften Innenhof kann man während der Festspiele der Musik aus der Arena lauschen. Das restliche Jahr über begleitet der Gesang der Callas die Gäste beim Essen, auch mittags, dafür sorgt der Patrone. Das Ambiente im Innern ändert sich immer wieder – als ich da war, gab Rot den Ton an.

KÜCHE: Obwohl es auch ein Fleischmenü gibt, ist das „Maria Callas" als Fisch-Restaurant bekannt. Die Veroneser lieben Meeresfische nun mal, vielleicht, weil sie nicht am Meer leben. Es gibt viele Stammkunden, die die Küche und das Flair schätzen, vor allem im Sommer.

WEINKARTE: Die Weinkarte bietet eine Selektion aus ganz Italien und als Besonderheit einen Amarone, dessen Etikett ein Bild von Maria Callas schmückt.

PREISNIVEAU: Die Weine liegen zwischen 13 und 30 €. Für Antipasti und Primi bezahlt man 10 bis 11 €, für Secondi durchschnittlich um 16 € und für die Desserts um 6 €. Das 4-Gänge-Fischmenü kostet 32 €.

PLÄTZE: 80 Plätze innen, 100 Plätze im traumhaften Garten.

SPRACHE: Italienisch, Englisch und ein wenig Deutsch

LAGE: Von der Arena kommend biegen Sie rechts zur Etsch hin ab, in die Via Leoncilo. Die erste Straße rechts ist die V. S. Pietro Incarnario, am Ende liegt das „Maria Callas".

››› **71**

ENOTECA – CUCINA ALCOVA DEL FRATE

E in kultureller Treffpunkt
für Menschen unterschiedlichster Anschauungen,
die aber eins verbindet: die Liebe zu einem
feinen Glas Wein und gutem Essen.
Wer einmal da war, kommt immer wieder gerne.

ADRESSE:
Enoteca – Cucina Alcova del Frate
Via Ponte Pietra, 19 A · 37121 VERONA (VR)
Tel.: +39 045 8 00 06 53

RUHETAG:
keiner; geöffnet von 11 bis 1 Uhr

AMBIENTE: Mag es daran liegen, dass in dem ehemaligen Franziskanerkloster aus dem 13. Jahrhundert einst Dante Alighieri gewohnt hat, oder einfach nur daran, dass Massimo Spaß daran hat mit seinen Gästen zu philosophieren – die Osteria ist immer gut besucht. Von mittags um 12 Uhr bis nachts um 1 Uhr kann man in der gemütlichen historischen Osteria ein Gläschen Wein oder Spumante trinken und auch etwas essen. Das heißt, wenn Sie beim Stadtbummel sind: Hier gibt es außerhalb der üblichen Restaurantzeiten etwas zu essen. Außerdem findet man hier aufgeschlossene Gäste, mit denen man ein wenig plaudern kann. Massimos charmante und hübsche Lebensgefährtin Roxanna spricht übrigens sehr gut Deutsch.

KÜCHE: Oberster Grundsatz des leidenschaftlichen Gastronomen ist die ausschließliche Verwendung hochwertigster Produkte. Ob es der köstliche gekochte Pata-negra-Schinken ist, das Tatar aus bestem Piemonteser Rindfleisch oder die optimal gereiften Käse – hier ist das Produkt der Star. Spezialität ist ein Teller mit vier verschiedenen Versionen aus Pferdefleisch. Köstlich sind auch die diversen Pasta-Variationen, die die jungen Köche in der offenen Miniküche zubereiten.

WEINKARTE: Massimo ist ein Weinfan, das spiegelt die Weinkarte wider. Vom Champagner bis zu den besten Rotweinen findet man alles und vieles gibt es auch glasweise.

PREISNIVEAU: Ein Glas Wein kostet 2 bis 5 €, Flaschenweine gibt es ab 12 €. Für Primi bezahlt man 8,50 bis 10 € und für Secondi 10 bis 25 €. Die leckeren Käse- oder Schinkenteller liegen je nach Menge zwischen 10 und 16 €.

PLÄTZE: Etwa 60 Gäste können sich hier bei einem Glas Wein und leckerem Essen auf einen Plausch treffen.

SPRACHE: Italienisch, Englisch und Deutsch

LAGE: Von der Altstadt kommend überqueren Sie die Ponte Pietra und erreichen schon nach wenigen Minuten das gemütliche Lokal.

›› **72**

RISTORANTE CAVOUR

*D*er beste Bollito misto weit und breit –
da sind sich die Kenner
dieser typischen Veroneser Spezialität einig.
Dampfend heiß werden die zart gegarten Fleischsorten
auf einem „carrello" an den Tisch geschoben.
Dazu gibt es Pearà – eine Brot-Mark-Sauce,
die für Nicht-Veroneser gewöhnungsbedürftig ist.

ADRESSE:
Ristorante Cavour
Via Cavour, 40 · 37062 DOSSOBUONO (VR)
Tel.: +39 045 51 30 38

RUHETAG:
im Sommer Sonntag und Samstagmittag,
im Winter Sonntagabend und Mittwoch · Betriebsferien: 1. bis 7. Januar

AMBIENTE: Hier trifft man kaum Touristen, denn Dossobuono, das kleine Städtchen unweit des Flughafens, hat keine Sehenswürdigkeiten und liegt abseits von Verona und dem Lago. Genießer kommen dennoch hierher, um im Laden von Gianni Magosso die besten italienischen Spezialitäten oder exzellente Weine einzukaufen. Das Ristorante Cavour liegt gleich in der Nähe und ist, was das Ambiente betrifft, ein klassisches italienisches Speiserestaurant. Ein großer Raum mit viel zu viel Licht, aber stilvoll eingedeckten Tischen.

KÜCHE: Hier werden die frischen Gemüse von Gianni Magosso verarbeitet, und der Weinkenner berät das Ristorante auch bei der Auswahl der Weine. Wenn der „carrello" (Wagen) mit dem dampfenden *Bollisto misto* kommt, läuft jedem – mit Ausnahme von Vegetariern – das Wasser im Mund zusammen. Dazu gibt es die typische *Pearà* (Brot-Mark-Sauce) und, gottlob für uns Ausländer, auch *frischen Meerrettich* und *Kräutersauce*. Ebenfalls hausgemacht und köstlich sind hier *Pasta* und *Gnocchi*. Die superfeinen, vom Patrone selbst gemachten *Desserts* werden ebenfalls auf einem Wagen vorgefahren und sind jede Sünde wert.

WEINKARTE: Die Weinkarte ist umfangreich und die Beratung profund. 80 Prozent der Weine sind aus den umliegenden Weinregionen, auf Nachfrage kann man einige Weine auch glasweise bekommen.

PREISNIVEAU: Die Weine beginnen bei 9 € und liegen durchschnittlich bei 25 bis 30 €. Bollito misto kostet mit Beilagen 20 €, die leckeren Vorspeisen 10 € und die Pastagerichte 9 bis 12 €. Die verlockenden Desserts gibt es für 5 €.

PLÄTZE: Bis zu 110 Gäste können es sich hier gut gehen lassen, im Sommer gibt es noch 20 Plätze auf der Terrasse.

SPRACHE: Italienisch, Englisch und ein wenig Deutsch

LAGE: Direkt an der Hauptstraße von Villafranca in Richtung Verona, schräg vis-à-vis der Kirche. Parkplätze gleich neben dem Eingang.

>>> **73**

RISTORANTE LA TORRE

*E*in Eldorado für Risotto-Fans:
Reis in allen Variationen,
von der Vorspeise bis zum Dessert.
Dass das garantiert nicht langweilig wird,
dafür sorgt Gabriele Ferron, Besitzer der Reismühle,
Weltenbummler in Sachen Reis
sowie kreativer und leidenschaftlicher Koch.

ADRESSE:
Ristorante La Torre · Riseria Ferron
Via Torre Scaligera, 9 · 37063 ISOLA DELLA SCALA (VR)
Tel.: +39 045 730 10 22 · latorre@risoferron.com · www.risoferron.com

RUHETAG:
Samstagmittag, Sonntagabend und Montag
Betriebsferien: 15. Juli bis Ende August

AMBIENTE: Gabriele Ferron hat seinen ehemals großen Speisesaal seiner kulinarischen Werkstatt geopfert, da die Nachfrage nach seinem köstlichen süßen und salzigen Reisgebäck die bisherige Küche platzmäßig überforderte. Das heißt, nun gibt nur noch zwei kleine Speisezimmer, deshalb ist Reservieren noch wichtiger geworden. Auf dem Weg dorthin geht man durch den Verkaufsladen und es ist ratsam, sich nach dem Essen für zu Hause mit „riso" einzudecken.

KÜCHE: Obwohl sich hier alles um Reis dreht, langweilig wird es nie – es sei denn, man mag partout keinen Reis. Aber selbst solche Gäste hat der sympathische Gabriele Ferron schon bekehrt: „Dann essen Sie eben eine Polenta aus Reismehl", schlägt er vor, „dazu servieren wir gebratene Pilze, geschmolzenen Taleggio oder Gorgonzola oder hauchdünn geschnittenen Lardo di Montagna." Und bereits beim Erklären läuft ihm und auch den Gästen das Wasser im Mund zusammen.

WEINKARTE: Nicht sehr umfangreich; es gibt eine kleine Auswahl ordentlicher Weine aus den umliegenden Weinregionen.

PREISNIVEAU: Die Weine beginnen bei 10 € pro Flasche und gehen bis etwa 45 € . Empfehlenswert sind die Degustationsmenüs zu 26 €, die aus Vorspeise, drei verschiedenen Risotti, Dessert und offenem Wein bestehen (mit Flaschenwein zahlt man 2 € mehr). Antipasti kosten 3,50 bis 5,50 €, Risotti 6 bis 8 € und Dolci 3,50 bis 5 €.

PLÄTZE: 60 Personen können die Risotti genießen, aber am Wochenende sollte man dennoch reservieren. Bei rechtzeitiger Anfrage kann man im Restaurant in der „Pila Veccia", der alten Reismühle, speisen.

SPRACHE: Italienisch (die Verständigung klappt immer!)

LAGE: Südlich von Verona, inmitten von Reisfeldern, liegt die historische Reismühle der Ferrons. Von weitem sichtbar ist ihr Turm, „la torre", aus dem 17. Jahrhundert. Er war einst Teil des Eingangstors zum Ort Isola della Scala und gehört zum Imperium der Ferrons.

Die lombardische Küche – Vielfalt der Aromen

*H*istorisch geprägt ist die Küche der Lombardia: ein bunter Mix aus den Zeiten der Besetzungen quer durch die Jahrhunderte. Der Kochstil rund um Brescia ist vom nahen Gardasee beeinflusst. Es gibt viele Süßwasser-Spezialitäten, insbesondere gegrillte, geschmorte oder marinierte Gardaseefische serviert mit Polenta. Rund um Mantova hingegen bevorzugt man eine deftige, fleischbetonte Küche.

Typisch sind die **Tortelli con la zucca**, die berühmten kürbisgefüllten Teigtäschchen, die es vor allem im Herbst und Winter gibt. Für die Füllung benötigt man außer Kürbis zerbröselte Amaretti, **Mostarda** (scharfe Senffrüchte), Parmesan und Muskatnuss. Diese süßliche Masse wird mit Nudelteig umhüllt, zu kleinen hütchenähnlichen Gebilden geformt und in Salzwasser gegart. Serviert werden die Tortelli in aufgeschäumter Salbeibutter. Zugegeben, der süßliche Geschmack ist nicht jedermanns Sache, aber Sie sollten Tortelli unbedingt mal probieren.

Mag es auch für manche etwas abschreckend klingen, aber zwischen Brescia und Mantova ist Pferdefleisch *die* Spezialität. Die Vorliebe stammt noch aus der Zeit des ersten Weltkriegs, als die Pferde, die im Kampf getötet wurden, in den Kochtopf wanderten – einfach um zu überleben. Ebenso nicht jedermanns Sache sind **Rane** (Frösche), die häufig frittiert, aber auch, vor allem die Schenkel, sanft geschmort aufgetischt werden – in der Trattoria wie im Sternerestaurant!

Nicht zu vergessen die **Lumache** (Schnecken), die vorwiegend als Ragout oder als Suppe zubereitet auf den Speisekarten stehen.

Der **Risotto alla pilota**, eine Spezialität aus Mantua, hat so ganz und gar nichts mit den üblichen Risotti zu tun. Es ist ein eher trocken und körnig gekochter Reis, vermischt mit Schweinehackfleisch und würzig mit Zimt abgeschmeckt. Ungewöhnlich, aber lecker!

Spiedo bedeutet, dass unterschiedliche Fleischsorten auf den Spieß gesteckt und gegrillt werden. Spiedo gibt es in der Gegend um Brescia in vielen Ristoranti, vor allem sonntags. In den Sommermonaten sind es vor allem Fleischstücke von Rind, Schwein und Lamm, die über der Glut saftig gegart werden. Und wenn die Lombarden unter sich sind, werden Vögel zwischen das Fleisch gespießt.

Ein sehr geschätzter traditioneller Käse im lombardischen Teil des Lago di Garda ist der **Bagoss** aus dem Bergdorf Bagolino. Er ist oftmals über viele Jahre gereift und schmeckt sehr würzig. Man isst ihn einfach so oder reibt ihn über Reis- und Pastagerichte.

Sbrisolana ist das Pendant zur *Torta di fregoloti* im Trentino. In jeder Pasticceria in Mantova bekommt man diesen knusprigen Mandelkuchen – auch zum Mitnehmen, denn er bleibt lange frisch.

Zur leichten Fischküche zwischen Sirmione und Limone passen elegante **Lugana-** und fruchtige **Chiaretto-Weine**, zum saftigen *Spiedo* trinkt man einen **Groppello**, einen Rotwein aus der gleichnamigen Rebsorte, und zur deftigeren Mantova-Küche ist der leicht prickelnde **Lambrusco** genau das Richtige, weil er die Speisen bekömmlicher macht.

GATO BORRACHO

*ato Borracho zu definieren ist schwierig:
Es ist Enoteca, Ristorante, Wine Bar, Disco ...
kurz gesagt: ein Treffpunkt für Menschen,
die Freude am Leben haben!
Michele ist die Weinleidenschaft in Person
und sein Bruder Pierrico ein begeisterter Koch.*

ADRESSE:

*Enoteca · Ristorante · Wine Bar Gato Borracho da Michele e Pier
Via Caldogno, 1/1 · 25010 LIMONE SUL GARDA (BS)
Tel.: +39 0365 91 40 10 · www.gatoborracho.com*

RUHETAG:

Dienstag · Betriebsferien: Februar bis kurz vor Ostern

AMBIENTE: Auch wenn der Eingang direkt an der Parkgarage nicht gerade einladend ist, innen in der stilvoll-gemütlichen Enoteca ist das rasch vergessen. Holzregale mit Weinflaschen, gestapelte Weinkisten und die schlichten weiß gedeckten Holztische laden zum Verweilen ein. Das liegt am weinverrückten Michele, aber auch an der Kochleidenschaft seines Bruders Pierrico und nicht zuletzt an der Partystimmung, die an den beiden Livemusik-Tagen am Wochenende herrscht und auch viele Einheimische anlockt. Hier sind viele Deutsche „zu Hause", nicht nur, weil Michele gut deutsch spricht, sondern vor allem wegen des lockeren Italien-Feelings.

KÜCHE: Pierrico verarbeitet in seiner kleinen Küche nur hochwertige Produkte aus der Umgebung, im Herbst *Trüffel* aus Tignale, die *Pasta* kommt von einem Produzenten im Trentino und das *Fleisch* aus besonderer Züchtung.

WEINKARTE: Weit über 1000 verschiedene Weine stapeln sich in der stets gut besuchten Wine Bar und Michele hat immer eine Neuentdeckung für seine weininteressierten Gäste parat. Es existiert zwar eine umfangreiche Weinkarte, aber man kann sich getrost auf die Empfehlungen des Patrone verlassen. Viele Weine gibt es auch glasweise.

PREISNIVEAU: Flaschenweine beginnen bei 14 € und liegen meist zwischen 20 und 30 €, nach oben gibt es (fast) keine Grenzen. Die Antipasti kosten 8 bis 16 €, Primi 9 bis 12 €, Secondi 13 bis 36 € und das 5-Gänge-Degustationsmenü gibt es mit passender Weinbegleitung für 35 €.

PLÄTZE: Zwischen den Weinflaschen finden 50 Weinliebhaber Platz zum Sitzen und spät nachts auch zum Tanzen.

SPRACHE: Italienisch, sehr gut Deutsch und ein wenig Englisch

LAGE: Von Riva kommend liegt das Gato Boraccho auf der rechten Seite, gleich am Ortseingang von Limone bei der Parkgarage. Schöne Aussicht: Fehlanzeige!

››› **75**

RISTORANTE GEMMA

*D*irekt am See zu speisen,
hat einen besonderen Reiz und
zieht natürlich magisch Touristen an.
Aber, keine Angst, im Gemma isst man gut –
vor allem Fisch aus dem Meer und dem Lago.

ADRESSE:
Ristorante Gemma
Piazza Garibaldi, 11 · 25010 LIMONE SUL GARDA (BS)
Tel.: +39 0365 95 40 14
info@ristorantegemma.it

RUHETAG:
während der Sommermonate keiner; im April und Mai Mittwoch
Betriebsferien: Anfang November bis 10. März

AMBIENTE: Heller, klassisch italienischer Gastraum – aber wer will schon drinnen sitzen, wenn eine lange Terrasse direkt am Ufer des Gardasees hübsch eingedeckt ist? Von hier aus hat man einen schönen Blick auf die gegenüberliegende Felsküste, die Surfer und die Segler. Fast glaubt man das Echo eines Jodlers zu hören, wie am Königssee, so nah ist hier die gegenüberliegende gebirgige Trentiner Seite. Und hört man auf die Gespräche an den Nachbartischen, fühlt man sich auch fast wie in Bayern. Hier gibt es keine Verständigungsschwierigkeiten – Limone ist fest in deutscher, besser gesagt, in bayerischer Hand.

KÜCHE: Obwohl man direkt am Lago sitzt, stehen im Gemma *Meeresfische* im Mittelpunkt, von den leckeren Vorspeisen bis zu den Secondi. Wem der Sinn nicht nach Fisch steht: Es gibt auch *Fleischgerichte*.

WEINKARTE: Die Kellnerinnen und Kellner sind überaus freundlich und aufmerksam, auch wenn jeder Platz besetzt ist. Und sie beraten gerne bei der Weinauswahl. Natürlich gibt es hauptsächlich Weine aus der Lombardei und dem Trentino, aber auch eine Extraseite für Rosati aus verschiedenen Regionen. Wer gerne Prickelndes zu seinem Fischteller möchte, hat 16 Franciacorta Spumanti und zehn verschiedene Champagner zur Auswahl.

PREISNIVEAU: Die Flaschenweine beginnen bei 13 € und liegen durchschnittlich bei 20 bis 25 €. Antipasti kosten 13,50 bis 15 €, Primi 9,50 bis 19 €, Secondi 19 bis 25 €, Dolci um 4 € und für den Käseteller bezahlt man 5,50 €.

PLÄTZE: Im Speiseraum ist Platz für 45, auf der langen und breiten Terrasse für etwa 60 Gäste.

SPRACHE: Italienisch, Deutsch und Englisch

LAGE: Das Ristorante Gemma liegt am Ende der Altstadt von Limone, direkt am See, und ist nur zu Fuß erreichbar (vom kostenpflichtigen Parkplatz aus).

>>> **76**

RISTORANTE MONTE BALDO

*Fragen Sie nach den typischen Spezialitäten –
Sie werden überrascht sein und
erleben das Monte Baldo
von einer ganz anderen Seite.
Mich haben die traditionellen Speisen begeistert.*

ADRESSE:

Ristorante Monte Baldo
Via Porto, 29 · 25010 LIMONE SUL GARDA (BR)
Tel.: + 39 0365 95 40 21 · www.montebaldolimone.it

RUHETAG:

keiner · Betriebsferien: Anfang November bis Mitte März

AMBIENTE: Im Freien gibt es nur zwei Tischchen vis-à-vis des Ristorante und einen auf dem Minibalkon mit Seeblick im ersten Stock. Wenn man einen davon ergattert, ist es besonders romantisch hier. Die Gastzimmer in dem alten Gemäuer erinnern an die Zeit, als die Österreicher in der Region zugange waren. Ein bisschen tirolerisch und deshalb hier nicht so überzeugend. Weil die Plätze im Freien alle belegt waren, spielte ich mit dem Gedanken, einfach wieder zu gehen. Doch es war zu spät: Der Kellner war so herzlich, dass ich mich geschlagen gab – ich habe es nicht bereut!

KÜCHE: Da ich, wie immer, nach den Empfehlungen des Kochs fragte, kam der Kellner so richtig in Fahrt. Ich muss dazu sagen, dass mich die Speisekarte etwas erschreckt hat: klassische Touristenmenüs in drei Sprachen. Nein danke! Ich erklärte also, dass mich die Gardesana-Küche interessiert und ich neugierig bin auf alles, was der Koch mir serviert. Das kann ich Ihnen nur empfehlen.

WEINKARTE: Wie schade, dass so viele Gäste Vino della casa bestellen – in einem Gebiet, wo es auch gute Flaschenweine zu günstigen Preisen gibt. Die Qualität ist einfach besser, und sollte man sich im Urlaub nicht was Feines gönnen? Grundsätzlich sind die Weinpreise am Lago doch noch sehr moderat im Vergleich zu daheim. Es gibt Weine auch glasweise.

PREISNIVEAU: Der Hauswein (0,25 l) liegt bei 3,50 €, Flaschenweine kosten ab 12 €, den feinen Spumante Ferrari Perlé gibt es für 30 €. Für Antipasti bezahlt man 8 bis 10 €, für Primi 10 bis 13 € und für Secondi 13 bis 25 €.

PLÄTZE: je 30 Plätze im Erdgeschoss und im 1. Stock sowie 2 kleine Tischchen vor dem Eingang

SPRACHE: Italienisch, Deutsch und Englisch

LAGE: Halten Sie am ausgeschilderten Parkplatz von Limone und gehen dann am See entlang bis zur Via Porto.

>>> **77**

OSTERIA
LA MINIERA

ℋoch droben über dem See,
wo das Ambiente wie auch die Küche
eher rustikal als mediterran ist,
verwöhnt der weitgereiste Sergio seine Gäste
mit raffinierten Gerichten
aus besten heimischen Produkten.

ADRESSE:
Osteria La Miniera · 25080 TIGNALE-GARDOLA (BS)
Tel.: +39 0365 76 02 25 · www.gardaminiera.it

RUHETAG:
Dienstag · Betriebsferien: November und vom 7. Januar bis 14. Februar

AMBIENTE: Von Gargnano kommend ist die Fahrt nach Tignale keineswegs so dramatisch, wie ich es, auf der anderen Seite des Sees wohnend, oft vermutet hatte. Oben angekommen zieht es mich immer wieder ins Ristorante La Miniera, direkt neben der Kirche gelegen. Bis zum vergangenen Jahr kochten hier die Cousins Sergio und Bruno. Nun führt Sergio das rustikal eingerichtete Restaurant, das fast ein wenig an eine Berghütte erinnert, gemeinsam mit seiner Lebensgefährtin Silvia. Am Kochstil und der Liebe zu erlesenen Produkten hat sich nichts geändert. Im Sommer lässt man sich die Köstlichkeiten auf der Veranda oder im hübschen Garten schmecken.

KÜCHE: Sergio, Koch mit langjähriger Erfahrung in ausländischen Toprestaurants, ist zugleich ein leidenschaftlicher Sommelier. 1997 kehrte er in die Heimat zurück und eröffnete gemeinsam mit seinem Cousin das La Miniera. Damals wie heute verleiht er der traditionellen Küche einen raffinierten, sehr persönlichen Stil. Das beginnt beim *selbst gebackenen Brot,* geht weiter mit flaumigen *Kartoffelgnocchi* und, unvergesslich, sein *Limonenrisotto.* Es gibt *Olivenöl aus biologischem Anbau* und aromatische *Käse* aus der Region.

WEINKARTE: Da Sergio nicht nur ein hervorragender Koch ist, sondern auch Sommelier, kann man sich vertrauensvoll von ihm, aber auch von der herzlichen Silvia beraten lassen. Sie werden nicht enttäuscht sein, denn die beiden bevorzugen kleine Kellereien mit gutem Preis-Leistungs-Verhältnis. Übrigens: Flaschenweine, die man nicht geleert hat, kann man verkorkt mitnehmen.

PREISNIVEAU: Für Flaschenweine zahlt man 10,50 bis 55 €. Antipasti kosten 6,50 bis 8,50 €, Primi 7 bis 9 €, Secondi 10 bis 13 € (inkl. Beilagen) und Dolci um 4 €. Kein Coperto!

PLÄTZE: 60 Plätze innen, 50 auf der Veranda und 60 im Garten

SPRACHE: Italienisch, Deutsch, Französisch und Englisch

LAGE: Die Osteria liegt in Tignale direkt neben der Kirche.

RISTORANTE AL MIRALAGO

*K*östlich kreative Gerichte,
eine profunde Weinberatung,
aufmerksame und freundliche Bedienung –
und das vis-à-vis des Bootsanlegestegs.
Complimenti, Carlo und Ilaria!

ADRESSE:
Ristorante Al Miralago
Lungolago Zanardelli, 5 · 25084 GARGNANO (BS)
Tel.: +39 0365 7 12 09 · www.almiralago.com

RUHETAG:
Dienstag · Betriebsferien: Anfang November bis Ende Februar

AMBIENTE: Carlo Piantoni und seine Ehefrau Ilaria haben vor über 12 Jahren die Leitung dieses direkt am Lungolago und vis-à-vis des Bootsanlegestegs gelegenen Restaurants übernommen. Normalerweise reiht sich hier eine Pizzeria an die andere. Doch so ein Lokal wollten die beiden auf keinen Fall, aber auch keine traditionelle Trattoria. Dafür ist Carlo, der leidenschaftliche Koch, viel zu kreativ. Schon die Einrichtung des kleinen Ristorantes, die elegant gedeckten Tische und die Holzstühle mit Korbgeflecht lassen rasch erkennen, dass die Besitzer Wert auf stilvolles Genießen legen.

KÜCHE: Die Speisekarte passt sich immer dem frischen Marktangebot an. Bis die zwei Babys da waren, kochte Carlo und Ilaria kümmerte sich um die Gäste. Seit Ilaria nicht mehr ständig mithelfen kann, hat sich Carlo den jungen Koch Giuglio gesucht, der nun mit ihm die traditionelle Küche im modernen Stil kreiert und zubereitet, während sich Carlo zudem um die Gäste kümmert.

WEINKARTE: In der Weinkarte steht: „Il vino é la poesia della terra" (Wein ist die Poesie der Erde), und das sagt alles über die Leidenschaft der beiden Gastronomen für spannende Gewächse. Vor allem autochthone Rebsorten und noch nicht so bekannte Winzer haben es Carlo angetan. Diesen Restaurant-Tipp habe ich übrigens von Cristina vom Weingut Cantrina, deren feine Weine es hier natürlich auch gibt.

PREISNIVEAU: Die Weine liegen durchschnittlich zwischen 18 und 25 €. Antipasti kosten 9,50 bis 14 €, Primi 8,50 bis 14 €, Secondi 17 bis 20 €, sättigende Salate 9 bis 10 € und für den Käseteller bezahlt man 10 €.

PLÄTZE: 18 bis 20 Plätze im stilvoll-gemütlichen Innern, 40 auf der schönen Terrasse an der Strandpromenade

SPRACHE: Italienisch, Deutsch, Englisch, Holländisch, Spanisch

LAGE: Parken Sie auf dem offiziellen Parkplatz von Gargnano und gehen Sie zu Fuß zum Bootsanlegesteg. Anlegemöglichkeit im Hafen von Gargnano.

RISTORANTE ALLO SCOGLIO

*Alles, was man gerne hat im Urlaub:
direkt am Ufer des Gardasees
unter Olivenbäumen sitzen, leckeren Fisch essen —
mal vom See, mal vom Meer —,
dazu ein Gläschen Luganawein,
einen familiären Service genießen
und einfach nur die Seele baumen lassen.*

ADRESSE:
Ristorante Allo Scoglio
Via Barbacane, 2 · 25084 GARGNAGO
Tel.: +39 0365 7 10 30 · www.alloscoglio.it

RUHETAG:
Montag · Betriebsferien: 30. November bis 1. März

AMBIENTE: Anlässlich eines Geschäftsessens habe ich das Allo Scoglio kennengelernt und festgestellt, dass wir nicht die einzigen waren, die diese Oase der Ruhe – direkt am Lago – für einen Businesslunch gewählt haben. Man sitzt mit Blick auf den See entweder auf der langgezogenen Terrasse oder im Schatten alter Olivenbäume im gepflegten Garten, der nur durch die Uferpromenade vom See getrennt ist. Wenn es mal nicht warm genug ist, um im Freien zu speisen, ist der zartrosa gestrichene Gastraum mit den weißen Stühlen eine echte Alternative.

KÜCHE: Fische aus dem Lago schmecken direkt am Ufer besonders fein, je nach Fang stehen *Lavarello*, *Sarde* oder *Persico* auf der Karte. Es gibt aber auch *Meeresfische* und *Krustentiere* – verarbeitet zu feinen Vorspeisen, gegrillt oder in der Salzkruste gebacken. Da das Allo Scoglio mittags ebenfalls gut besucht ist, stehen auch – was man ja nicht so häufig am Lago findet – sechs verschiedene, sattmachende Salatkreationen auf der Karte. Besonders der *Insalata allo scoglio mit Schwertfisch, Fenchel und feinsten Olivenö*l aus der Gegend ist sehr gefragt. Es gibt aber immer auch einige Fleischgerichte.

WEINKARTE: Weißweine, schwerpunktmäßig aus dem Luganagebiet, dem Valtènesi und der Franciacorta bestimmen die Weinkarte. Neben einigen Rotweinen findet man auch eine Auswahl an Dessertweinen.

PREISNIVEAU: Die Weißweine kosten 12 bis 25 €, Rotweine 12 bis 40 €. Antipasti kosten um 13 €, Primi 12 bis 25 €, Fisch- und Fleischgerichte 14 bis 16 €, die Salatkreationen um 9 €.

PLÄTZE: 80 Plätze innen, 80 auf der Terrasse und im Garten

SPRACHE: Italienisch, Deutsch, Englisch,

LAGE: Man fährt auf der Via della Libertà in Richtung Gargnano und biegt am Ortsende von Bogliaco rechts ab in die Via Barbacane. Bootsanlegeplatz in der Nähe.

››› **80**

RISTORANTE LIDO

So stellt man sich Urlaub vor:
Unter einer Weinlaube auf schicken Rattanstühlen
direkt am See sitzen, dem Treiben der Segel- und
Motorboote zuschauen, gut essen und trinken
und sich von Adriano mit seinem
unwiderstehlichen Charme verwöhnen lassen.

ADRESSE:
Ristorante Lido di Adriano Gramatica
Via Colletta, 61 · 25084 VILLA DI GARGNANO (BS)
Tel.: +39 0365 79 10 42 · adriano.gramatica@gmail.com

RUHETAG:
Dienstag · Betriebsferien: 1. November bis 1. März
keine Kreditkarten!

AMBIENTE: Ich erinnere mich noch an die Zeit, als man bei Adriano auf Plastikstühlen saß, um Mammas Pasta zu genießen. Der Traumblick ist der gleiche, Mamma kocht nach wie vor gut und Adriano parliert charmant in vielen Sprachen. Nachdem der Vollblutgastronom 2009 einen langfristigen Mietvertrag erhalten hatte, gestaltete er das kioskähnliche Ristorante ganz nach seinem Geschmack um. Complimenti! Jetzt ist es drinnen wie draußen richtig schick und man fühlt sich wohl.

KÜCHE: Seit Mamma Maria eine neue Küche bekam, macht ihr das Kochen noch mehr Spaß. Einige Kochhilfen stehen der über 70-Jährigen zur Seite, aber nach wie vor führt sie das Kommando und legt Tag für Tag von morgens bis spät abends selbst Hand an. Wie gehabt gibt es *Fische aus dem Lago,* saftig gegrillt, *Pasta mit leckeren Sugos,* der Jahreszeit entsprechend aber nun auch *Carpaccio* aus bestem Fleisch und *Battuta di fassone piemontes,* ein *Tatar* aus hochwertigem, aromatischem Rindfleisch mit feinem Olivenöl vom Gardasee.

WEINKARTE: Adriano bietet einen erfrischenden, typischen Weißwein aus dem Garda-Classico-Gebiet an, den er unter seinem Namen abfüllen lässt. Es gibt jedoch die unterschiedlichsten Weine aus der Region und ganz Italien, bevorzugt Toskana und Piemont, sowie viele Bollicine. Einige Weine werden auch glasweise ausgeschenkt.

PREISNIVEAU: Die Flaschenweine beginnen bei 18 € und dann geht's bis über 200 €, je nach Winzer oder Reife. Piatti freddi 4,50 bis 16 €, Pasta fresca 7 bis 13 €, Fleisch- und Fischgerichte 12 bis 25 €, Dolci 5,50 bis 6,50 €.

PLÄTZE: Im geschmackvoll gestalteten Ristorante gibt es 30, auf der hübschen Terrasse 40 Plätze.

SPRACHE: Italienisch, sehr gut Deutsch, Englisch, Holländisch, Französisch und …

LAGE: Von Toscolano kommend am Ortseingang von Villa rechts abbiegen. Parkplätze vor dem Haus sind rar, deshalb am besten einen öffentlichen Parkplatz ansteuern.

TRATTORIA LA SOSTA

$\mathcal{E}$ine „sosta", eine Poststation zum Wechseln
der Pferde, war das hier früher.
Giacomo und seine Frau Luigina
sind bei Einheimischen wie Touristen nicht nur
wegen der Grillspezialitäten beliebt,
sondern vor allem wegen ihrer Herzlichkeit!

ADRESSE:
Trattoria La Sosta
Via Cecina, 79 · 25088 TOSCOLANO MADERNO (BS)
Tel.: +39 0365 64 42 95

RUHETAG:
Mittwoch · Betriebsferien: keine

AMBIENTE: Vor der Eingangstür kann man auf der gemütlichen Veranda sitzen. Im Innern des alten Hauses gibt es drei kleinere Räume mit alten Gewölben und naturbelassenen Steinmauern. Die Holztische sind mit pastellfarbenen Stofftischdecken und -servietten eingedeckt. Wenn Platzmangel herrscht, nimmt man die paar Tische in der urigen Bar mit dazu. Ich habe lange überlegt, ob das La Sosta wieder dabei sein sollte, da die Qualität manchmal schwankt, aber Freunde auf der lombardischen Seite würden es mir nicht verzeihen ...

KÜCHE: Giacomo war es vor zwanzig Jahren leid, sein Geld als Fernfahrer zu verdienen. Er übernahm die Trattoria seiner Großeltern und widmete sich von da an seiner großen Leidenschaft, dem Kochen. Er ist der Meister am Grill, unterstützt von seiner Frau Luigina, die die leckeren *Sugos* für die *Pasta* und die feinen *Kuchen* zubereitet. Sohn Cristian erklärt die Gerichte mündlich. Bestellen Sie sich unbedingt die marinierten *Limone della Mamma Margherita* – ein unvergesslicher Abschluss nach *Pasta* und saftig *gegrilltem Fleisch*.

WEINKARTE: Rot oder weiß? Das ist alles, was zur Auswahl steht. Schade, finde ich, denn eine kleine Weinauswahl gehört für mich zu einem guten Essen dazu. Die Weine sind aber nicht „alla spina", also vom Zapfhahn, sondern speziell für ihn in Flaschen abgefüllt von einem befreundeten Winzer im Friaul.

PREISNIVEAU: Wein und Prosecco kosten 8 bis 9 €. Für Antipasti und Primi zahlt man 7 bis 8 €, für Secondi 13 bis 16 € und für die Desserts um 3,50 €.

PLÄTZE: Rund 100 Gäste finden drinnen und draußen Platz.

SPRACHE: Italienisch und ein wenig Deutsch mit viel Herzlichkeit

LAGE: Liegt auf der linken Seite der engen Gasse, wenn man vom Golfplatz Bogliaco nach Cecina fährt. Fahren Sie ein Stückchen weiter, dort kann man parken.

OSTERIA ANTICO BROLO

E *in wenig versteckt liegt sie,*
die neue Osteria von Enrico Pellegrini,
die eigentlich ein Ristorante ist.
Ich bin sicher, es wird nicht lange dauern,
bis Genießer den Weg dahin blind finden.

ADRESSE:
Osteria Antico Brolo
Via Carere, 10 · 25083 GARDONE (BS)
Tel.: +39 0365 2 14 21

RUHETAG:
Montag; außerhalb der Saison auch Dienstag
Betriebsferien: 6. Januar bis Mitte Februar

AMBIENTE: „Brolo" heißt im Dialekt hier der Innenhof, und nur über diesen etwas versteckt liegenden Hof kommt man in die äußerst geschmackvoll gestaltete Osteria. Enrico Pellegrini kennen Insider von der Locanda Agli Angeli, die er gemeinsam mit seinen beiden Schwestern seit den 90er-Jahren führte. Als er endlich die passenden Räume für seine Osteria fand, eröffnete er, gemeinsam mit seinem Souschef Marcello Cappa, dieses kulinarische Kleinod nahe des Vittorale. So ansprechend elegant Enrico die drei kleinen Räume auch gestaltet hat, im Sommer ist es besonders schön, an den hübsch eingedeckten Tischen im Innenhof zu speisen.

KÜCHE: Enrico und Marcello kochten schon vorher erfolgreich zusammen. Nun kann sich Enrico zudem um die Gäste kümmern und natürlich bestens die Piatti erklären. Sensationell die frisch gebackenen Brote und Grissini. Es erwarten Sie: typische Produkte der Region und der Saison, raffiniert und unglaublich schmackhaft zubereitet.

WEINKARTE: Die gut zusammengestellte Weinkarte bietet viele Winzer der Gardaseeregionen, aber auch aus dem Piemont und der Toskana. Und, wie es in Italien einfach dazugehört, verlockt ein Auswahl feinster Champagner sowie Spumanti der Franciacorta.

PREISNIVEAU: Die Weine der Region liegen durchschnittlich bei 20 bis 25 €, aber Weinfans können auch aus höheren Kategorien wählen. Weine der Region gibt es auch glasweise. Antipasti und Primi kosten 9 bis 10 €, Secondi 14 bis 16 € und ein 4-Gänge-Menü inklusive Stuzzichini und Prosecco um 35 €.

PLÄTZE: Maximal 40 Personen werden mittags und abends bekocht, ob drinnen oder draußen.

SPRACHE: Italienisch, Englisch und Deutsch

LAGE: Die Osteria liegt in der Nähe des Vittoriale und des Rathauses von Gardone sopra und ist gut ausgeschildert. Parken Sie auf dem großen Parkplatz unterhalb des Municipio (Rathaus).

>>> **83**

RISTORANTE GABRIELLINO

*S ehr edel, in hellen, dezenten Farben
und mit viel Liebe fürs Detail
präsentiert sich das Gabriellino.
Wenige Meter vom Lungolago entfernt
können Sie sich, mit Blick auf den See,
von Massimiliano und Alessandro verwöhnen lassen.*

ADRESSE:
Ristorante Gabriellino
Lungolago Gabriele d'Annunzio, 42 · 25083 GARDONE (BS)
Tel.: +39 0365 29 07 46 · www.gabriellino.com
RUHETAG:
während der Saison keiner, sonst Mittwoch · Betriebsferien: Januar
Reservierung erwünscht

AMBIENTE: Alessandro und Massimiliano führten lange Zeit das Ristorante Sans Souci in Gardone, das sich ein wenig abseits in einem Kellergewölbe befand. Im Frühjahr 2010 eröffneten sie ihr neues Domizil, das Gabriellino, nur wenige Meter vom Lungolago entfernt, mit einer schönen Terrasse und Seeblick. Die beiden haben das kleine, aber feine Restaurant stilvoll und dezent eingerichtet. Das Augenmerk soll auf den Tellern sowie auf den immer wieder wechselnden Skupturen und Gemälden der heimischen Künstler liegen.

KÜCHE: Wie schon im Sans Souci kocht auch hier der asiatische Koch Ye und das fantastisch! Die Gerichte sind sehr individuell, aber nicht abgehoben. Besonderen Wert legt der junge Koch auf hochwertige Produkte, die er zu feinen Gerichten von wohltuender Leichtigkeit verarbeitet. Die Karte bietet jeweils fünf bis sechs Antipasti, Primi und Secondi, und ich hatte jedes Mal die Qual der Wahl. Unter anderem erinnere ich mich gerne an *Timbals von Riso venere* (heimischer schwarzer Reis) *mit Safran- und Störsauce*.

WEINKARTE: Alessandro und Massimiliano machen einen sehr sympathischen Service. Sie beraten ohne aufdringlich zu sein. Sie fragen die Gäste gezielt, welchen Weintyp sie bevorzugen, bevor sie zu einem Wein raten. Die Weinkarte ist unterteilt in Vini del Nord, Vini del Centro Sud, Spumanti und Dessertweine. Auf Nachfrage gibt es einige Weine auch glasweise.

PREISNIVEAU: Die Preise für eine Flasche Wein beginnen bei 9 € und liegen durchschnittlich bei 20 bis 25 €. Antipasti kosten 13 bis 18 €, Primi 12 bis 18 €, Secondi 17 bis 24 € und eine spannende Käseauswahl liegt bei 12 €.

PLÄTZE: Im eleganten Speiseraum finden 30 Personen Platz, vor dem Ristorante mit Seeblick etwa 45.

SPRACHE: Italienisch, Englisch

LAGE: Wenn man die Strandpromenade in Richtung Salò geht, liegt das Ristorante auf der rechten Seite.

>>> **84**

ANTICA TRATTORIA ALLE ROSE

*E*s gibt nur wenige Ristorante,
die seit über 25 Jahren ihre Gäste
immer wieder aufs Neue begeistern.
Wie eh und je schwingt Rosanna den Kochlöffel
und seit 2009 kümmert sich
ihre Tochter Cristina um die Gäste.

ADRESSE:
Antica Trattoria Alle Rose
Via Gasparo da Salò, 33 · 25087 SALÒ
Tel.: +39 0365 4 32 20 · www.trattoriaallerose.it

RUHETAG:
Mittwoch; von November bis März empfiehlt sich telefonische Anfrage

AMBIENTE: Klassisch schlichte dunkle Stühle, cremefarbene Tischdecken und Servietten, edle Gläser, alles modern und es würde fast ein wenig kühl wirken, wäre da nicht das schöne alte Gewölbe, das den Rahmen für die Traditions-Trattoria bildet. Je nach Jahreszeit wechselt der aparte Blumenschmuck, der die schicke, ganz besondere Note des Restaurants unterstreicht. Im Sommer kann man auch auf der überdachten Terrasse speisen.

KÜCHE: Vor 25 Jahren eröffneten Gianni Briarava und Signora Rosanna Faè, seine Schwiegermutter, das Alle Rose. Die Signora führt nach wie vor die Küche. Gianni, der sich um die Gäste kümmerte, hat nun für den Familienclan noch das Hotel Benaco mit Restaurant am Lungolago übernommen. Deshalb hat seine Ehefrau Cristina nun die Küche verlassen und kümmert sich um den Service. Rosannas Kochstil ist traditionell geprägt: *Fische vom Lago*, *Kaninchen* oder *Zicklein* im Frühjahr, im Herbst frisches *Wild*, hausgemachte *Pasta mit leckeren Saucen*. Besonders begeistern mich immer wieder die *gegrillten Sardinen*, beträufelt mit dem Saft ihrer Karkassen und extrafeinem *hauseigenem Olivenöl*, sowie die *in Olivenöl eingelegten Zucchinistreifen*.

WEINKARTE: Eine ansehnliche Auswahl an Weiß- und Rotweinen der Weinbauregionen rund um den Gardasee, anspruchsvoll ergänzt mit Weinen von Südtirol bis Sizilien. Es gibt auch einige gute Weine glasweise.

PREISNIVEAU: Die Flaschenweine liegen zwischen 17 und 30 €, doch es gibt auch Gewächse im höheren Preisniveau. Glasweise muss man etwa 3,50 bis 5,50 € rechnen. Für Antipasti bezahlt man 14 bis 18 €, für Primi 13 bis 15 €, für Secondi 18 bis 20 € und für Dolci 6 bis 8 €.

PLÄTZE: 65 Plätze innen, 65 auf der Terrasse

SPRACHE: Italienisch, Deutsch, Französisch und Englisch

LAGE: Die Trattoria liegt im Centro storico und ist gut ausgeschildert. Parkplätze gibt es hinter dem Haus.

>>> **85**

OSTERIA DELL'OROLOGIO

S eit 1996 ist diese urgemütliche, heimelige Osteria
in der Altstadt von Salò
ein gefragter Treffpunkt für alle,
die gerne ein gutes Glas Wein trinken
und liebevoll zubereitete traditionelle Gerichte schätzen.
Einfach eine Osteria zum Wohlfühlen.

ADRESSE:
Osteria dell'Orologio
Via Butturimi, 26 · 25087 SALÒ
Tel.: +39 0365 29 01 58 · www.osteriadellorologio.it

RUHETAG:
Mittwoch; im Januar und Februar empfiehlt sich telefonische Anfrage

AMBIENTE: Wenn man in der Fußgängerzone in Richtung Dom geht, kommt man unweigerlich an der Osteria vorbei. Die lange Bar aus dunklem, alten Holz mit den zahlreichen Flaschen im Hintergrund und der Schiefertafel, auf der die glasweise ausgeschenkten Weine mit Kreide notiert sind, laden förmlich dazu ein, ein gutes Gläschen Wein zu genießen. Auch die beiden anderen Stuben sind schlicht, aber sehr gemütlich eingerichtet.

KÜCHE: 1996 übernahm Gianni Briarava (vom Alle Rose in Salò) das Orologio gemeinsam mit seinem Schwager Alberto, der seither die gemütliche Osteria leitet. Giannis Frau Cristina kochte regionale Spezialitäten, wie sie es von ihrer Mutter gelernt hatte. Seit Frühjahr 2009 leitet nun ihr langjähriger Mitarbeiter Roberto Lancini die Geschicke in der Küche. Er kocht ebenfalls nach den alten Rezepten von Cristinas Mutter, zum Beispiel *Maccheroni mit Entenragout, Maccheroni mit Felchenragout, Tomaten und Oliven* oder *Coniglio con peperoni* (Kaninchen mit Paprika). Man kann auch nur *Formaggi* oder *Salumi* bestellen.

WEINKARTE: Etwa 20 bis 25 verschiedene, stets wechselnde Weine werden glasweise ausgeschenkt. Das Angebot an Flaschenweinen ist umfangreich, natürlich mit Schwerpunkt auf Franciacorta und die Weinregionen um den Lago, es gibt aber auch Weine aus ganz Italien.

PREISNIVEAU: Glasweise kosten die Weine 3 bis 5 €, die Flaschenweine durchschnittlich 18 bis 25 €. Käse- oder Salamiteller liegen bei 12,50 bis 13,50 €, die Tagessuppe bei 9 €, diverse Pastagerichte um 10 €, Secondi um 15 € und Dolci um 5 €.

PLÄTZE: 65 Personen haben in den drei Stuben Platz.

SPRACHE: Italienisch, Deutsch, Englisch und Französisch

LAGE: Die Osteria befindet sich in der Altstadt auf dem Weg zum Dom auf der linken Seite. Nicht zu übersehen, auch wegen der großen Uhr über der Eingangstür.

>>> **86**

Q. B.
QUANTO BASTA

*N*och ist es ein Geheimtipp,
das hübsche Ristorante in Campoverde,
über Salò gelegen, mit dem sich
der leidenschaftlich Koch Alberto
und seine charmante Frau Irene
einen Traum erfüllt haben.

ADRESSE:
Q. B. Quanto Basta
Via del Panorama, 5/7 · 25087 SALÒ
Tel.: +39 0365 52 04 21 · www.qbquantobasta.com

RUHETAG:
Sonntagabend und Montag

AMBIENTE: Im Ortsteil Campoverde, nur wenige Autominuten vom See entfernt, liegt das neue Ristorante, das vor eineinhalb Jahren von Alberto und Irene sehr schön renoviert wurde. Drinnen sorgt das naturbelassene Mauerwerk für eine warme Grundstimmung. Die alte dunkle Holzdecke, schlichte Holzstühle und -tische, sowie eine angenehme Beleuchtung vermitteln Wohlfühlatmosphäre. Im Sommer sitzt man gegenüber des Eingangs auf einer liebevoll gestalteten Terrasse. Übrigens: Q. B. steht in Kochbüchern für „Menge nach Gefühl".

KÜCHE: Alberto verarbeitet in seiner kleinen Küche nur allerbeste Ware, am liebsten direkt aus der Region und von Produzenten, die er persönlich kennt. Bevor er sich seinen Traum vom eigenen Restaurant erfüllte, kochte er in bekannten Häusern, wie im Hotel Laurin und in der Villa Feltrinelli. Nun kann er sich selbst verwirklichen und verwöhnt seine Gäste mit Gerichten wie *Gebratener Oktopus auf Kartoffel-Lauchcreme* oder seine Version einer *Minestrone mit Speck vom Pata-negra-Schwein*.

WEINKARTE: Um die Weinberatung kümmert sich die sympathische Irene, und das mit viel Einfühlungsvermögen. Es stehen viele Weine aus der nächsten Umgebung zur Wahl, aber natürlich auch Flaschen aus ganz Italien und einige Champagner sowie italienische Spumanti.

PREISNIVEAU: Die Weinpreise liegen zwischen 15 und 30 €. Für die leckeren Antipasti bezahlt man 12 bis 19 €, für Primi 10 bis 14 €, für Secondi 15 bis 22 € und für das Menü inklusive Wasser und Caffé 35 €.

PLÄTZE: 35 Plätze innen und 35 Plätze im kleinen Garten; Alberto kocht jedoch nur für maximal 35 Personen.

SPRACHE: Italienisch, Englisch

LAGE: Von Salò geht's in Richtung Campoverde – direkt gegenüber der Kirche ist das Q. B.

››› **87**

IL COLOMBARO

N ach der Golfrunde lecker essen,
das ist häufig nicht so einfach.
Der Golfclub Il Colombaro bei Salò
verfügt zwar nur über neun Löcher,
dafür bekommt man hier gute,
leicht bekömmliche mediterrane Gerichte herzlich serviert.

ADRESSE:
Il Colombaro
Via Colombaro, 1 · 25087 SALÒ (BS)
Tel.: +39 0365 52 01 16

RUHETAG:
Montag und Dienstagabend

AMBIENTE: Eine großzügige Bar, ein lichtdurchfluteter Gastraum mit Korbstühlen und schlicht mit Stofftischdecken eingedeckte Tische, das erwartet die Golfer nach ihrer Runde. Für Feierlichkeiten gibt es einen Nebenraum und im Sommer isst man auf der Terrasse. 2007 haben Alexandra und Mathias das Restaurant des Neun-Loch-Golfclubs übernommen. Vorher arbeiteten beide bei Alexandras Papà im Restaurant des Golfclubs Bogliaco.

KÜCHE: Mathias machte seine Kochlehre in Marburg und ging dann nach St. Moritz, um seine Kenntnisse zu vertiefen. Dort lernte er Alexandra kennen, die im gleichen Hotel im Service war. Gemeinsam arbeitete das junge Paar ein Jahr lang auf Sylt, um schließlich Alexandras Papà am Gardasee zu unterstützen. Mathias liebt die mediterrane Küche. Sein *Lammrücken mit Olivenkruste* ist schon legendär, aber auch *Fische vom Lago und vom Meer* stehen bei ihm auf der Karte, ebenso wie diverse *Pastagerichte*. Von der Pasta über das *Brot* bis hin zum *Kuchen* wird alles von ihm selbst zubereitet. Lediglich für das *Semifreddo* ist Mamma zuständig.

WEINKARTE: Die Auswahl der Weine obliegt Papà. Er ist der große Weinliebhaber in der Familie und trifft auch für das Il Colombaro die Auswahl. Viele Weine stammen aus der Region, einige davon kann man auch glasweise bekommen oder für zu Hause kaufen.

PREISNIVEAU: Ein Glas Wein kostet zwischen 2 und 4 €, Flaschenweine gibt es von 9 bis 50 €. Für Antipasti bezahlt man 6,50 bis 10 €, für Primi 5 bis 9,50 €, für Secondi 12,50 bis 19 € und für Desserts 4,50 €.

PLÄTZE: 60 Plätze innen, 20 auf der Terrasse

SPRACHE: Italienisch, Deutsch, Französisch und Spanisch

LAGE: In Cunettone, kurz bevor die kurvige Straße runter nach Salò geht, biegt man rechts ab. Parkplätze gibt es vor dem Haus.

>>> **88**

LA DISPENSA

*Aus der kleinen Weinbar mit Miniküche
ist seit dem Umzug in größere Räume
ein schickes und gefragtes In-Bistro geworden.
Nach wie vor kümmert sich Roberto um die Gäste und
sein kochbegeisterter Sohn Michele
verwöhnt mit außergewöhnlichen Spezialitäten.*

ADRESSE:
La Dispensa di Bontempi Roberto & Michele
Piazza Municipio, 10 · 25010 SAN FELICE DEL BENACO (BS)
Tel.: +39 0365 55 70 23

RUHETAG:
Montag

AMBIENTE: Viele Jahrzehnte jettete der aus der Modebranche kommende Roberto durch Europa, bevor er sich seinen Traum, eine eigene Enoteca, verwirklichte. Nachdem seine erste kleine Wine Bar erfolgreich war und die Kochkunst seines Sohnes Michele die Gäste überzeugt hatte, griff er zu, als ihm neue Räume angeboten wurden. Das neue Bistro ist peppiger, aber auch gemütlich. Witzig der „karierte" Fußboden, sympathisch die vielen Weinkisten und die aprikotfarbenen Wände. Das La Dispensa wird ganzjährig von Brescianern frequentiert, die sich hier Austern und *Pesce crudo* schmecken lassen, natürlich mit Spumante aus der Franciacorta.

KÜCHE: Michele bereitet nach wie vor exzellentes *Tatar aus Fleisch oder Fisch* zu, weiterhin werden aromatische *Schinken, Culatello, Salami* und exzellente *Käse,* vorwiegend aus Frankreich, serviert. Mittlerweile gibt es aber auch raffinierte *Pastagerichte, Suppen* und köstliche Secondi, zum Beispiel *knusprig gebratenes Pata-negra-Milchschweinchen mit karamellisierten Zwiebeln* oder *gebratene Entenkeulen mit Rosmarinkartoffeln* und natürlich allerfrischeste *Pesce crudo.* Michele verwendet ausschließlich hochwertige Zutaten – das hat zwar seinen Preis, aber man wird dafür aufs Feinste belohnt.

WEINKARTE: Roberto entdeckt gerne neue Weine und überrascht seine Gäste damit. Viele Tröpfchen kommen aus dem Umland, allen voran die zart perlenden Bollicine aus der Franciacorta. Keine Frage, dass man bei Roberto gute Weine auch glasweise ausgeschenkt bekommt.

PREISNIVEAU: Flaschenweine beginnen bei 15 € und liegen durchschnittlich bei 25 bis 40 €. Tatar kostet 18 bis 20 €, Schinken- und Käseteller 8 bis 15 €, Carpaccio 12 €.

PLÄTZE: 35 Personen können hier genießen, im Sommer auch auf der hübschen Terrasse.

SPRACHE: Italienisch, Französisch, Englisch, Deutsch

LAGE: Vis-à-vis des Rathauses von San Felice; etwas unterhalb des Platzes ist ein offizieller Parkplatz.

FIOR DI LOTO

*F*leisch steht hier im Fokus –
von unterschiedlichsten Rassen und aus vielen Ländern,
aber unter schärfster Kontrolle von Amedeo
stets lange und perfekt gereift
und später auf den Punkt gegrillt.
Eine super Empfehlung – außer für Vegetarier!

ADRESSE:
Fior di Loto dei f.lli Olivari & Co. snc
Via dei laghi, 8 · 25080 PUEGNAGO DEL GARDA (BS)
Tel.: +39 0365 65 42 64 · www.ristorantefiordiloto.it

RUHETAG:
Montag und Dienstag

AMBIENTE: Als mich Paolo Pasini, vom gleichnamigen Weingut in Raffa, nach einem Interview fragte, wo ich gerne essen möchte, bat ich um einen neuen Tipp. „Essen Sie gerne Fleisch?" Aber klar doch, vor allem mittags. Und schon ging's einige kurvige Straßen aufwärts zum Ort der Fleischeslust. Was ich dort antraf, übertraf alles, was ich bisher erlebt habe. Klar, man sitzt nett auf der großen Terrasse, der Speisesaal ist klassisch italienisch, aber dann verschlug es mir die Sprache: eine Fleischtheke gefüllt mit mehr als 10 verschiedenen Bistecche vor einem offenen Grill. Amedeo erklärte enthusiastisch die geschmacklichen Unterschiede von Chianina, Marchigiana, Podolica, Angus usw., aber auch Pata negra, mal nicht als Schinken, sondern frisch.

KÜCHE: Man wählt also aus, was einen anlacht und nach der perfekten Erklärung zusagt. Dann legt Amedeo das Fleisch auf den Grill und bis es fertig ist, lässt man sich am besten Antipasti oder ebenfalls köstliche hausgemachte Pasta, Gnocchi oder Risotti schmecken. Wer nach dem hervorragend gegrillten Fleisch noch ein Dolci schafft, auch die sind hausgemacht, ebenso wie das Brot.

WEINKARTE: Die Weinkarte ist gut bestückt, so dass jeder etwas Passendes findet. Da es bei meinen Besuch sehr heiß war, tranken wir einen fanatastischen Spumante von Pasini dazu – sicherlich die beste Wahl bei der Hitze.

PREISNIVEAU: Die Weißweine kosten zwischen 11 und 23 € und Rotweine 14 bis 50 €. Für Antipasti zahlt man um 9 €, für Primi ebenso und Fleisch kostet pro 100 Gramm zwischen 5 und 8 €. Die Desserts liegen um 5 €.

PLÄTZE: 150 Plätze innen, 80 auf der Terrasse

SPRACHE: Italienisch und ein bisschen Deutsch

LAGE: Von Raffa fährt man in Richtung Puegnago und folgt der Via dei Laghi bis zum Ziel.

ROLLY
WINE BAR & CUCINA

Willkommen zu Hause,
das ist Stefanos Philosophie.
Jahr für Jahr ändert er ein wenig das Ambiente,
aber stets hat er seinen unverwechselbaren Stil.
Was auf die Teller kommt, ist nicht nur schön anzusehen,
sondern schmeckt auch himmlisch.

ADRESSE:
Rolly · Wine Bar & Cucina di Baldelli Stefano
Via della Repubblica, 4 · 25080 MANERBA DEL GARDA (BS)
Tel./Fax: +39 0365 65 11 59

RUHETAG:
Montag · Betriebsferien: 1. November bis 7. März

AMBIENTE: Das Rolly ist ein klassisches Sommerlokal, obwohl es nicht direkt am See liegt. Aber die große Terrasse mit Schwimmbad, schönen Pflanzen, puristischen Möbeln und den immer leicht im Wind flatternden weißen Vorhängen vermittelt Relaxatmosphäre pur. Drinnen ist die Wine Bar modern und schick, Hingucker sind die ansprechenden Bilder und die geschmackvolle Tischdeko. Früher war hier der Tennisclub von Manerba. Den hat Stefano nun in eine grüne Oase umgestaltet und statt zum Tennisspielen geht man heute ins Rolly, um gut zu essen, fein zu trinken und sich in einem nicht alltäglichen Ambiente verwöhnen zu lassen.

KÜCHE: Seit 2009 ist der junge, engagierte Gaspare Lamanna der Küchenchef. Während der Winterpause arbeitet er in Sternerestaurants und das schmeckt und sieht man. Wie gehabt gibt es ein kleines, aber feines Angebot an Speisen, allesamt klingen sie verlockend, schmecken köstlich und sind auch optisch echte Leckerbissen. Sensationell die *selbst gebackenen Brötchen*.

WEINKARTE: Stefano Baldelli sammelte jahrelang Erfahrung als Barkeeper in einer frequentierten Pianobar am Lago. Seit einigen Jahren hat er nun sein eigenes Refugium und freut sich jeden Tag darauf, seine Gäste mit spannenden Weinen zu verwöhnen. Viele Weine gibt es glasweise und Stefano berät gerne.

PREISNIVEAU: Flaschenweine liegen zwischen 18 und 70 €. Antipasti kosten 12 bis 17 €, Primi 14 bis 16 €, Secondi 22 bis 25 € und Dolci etwa 8 €.

PLÄTZE: 30 Plätze innen, 30 auf der Terrasse

SPRACHE: Italienisch und ein wenig Englisch

LAGE: In Manerba im Kreisverkehr Richtung Centro fahren. Nach 1 km links in die Via Panoramica und nach einem weiteren Kilometer die zweite Straße rechts in die Via Repubblica abbiegen. Ziel erreicht!

AL PORTO

*A*usschließlich Fische aus dem Lago
bestimmen die Speisekarte und es ist beachtlich,
welch raffinierten Gerichte daraus zubereitet werden.
Die mit Blumen geschmückte Terrasse direkt am See
ist perfetto für einen romantischen Abend.

ADRESSE:
Al Porto
Via Porto, 29 · 25080 MONIGA DEL GARDA (BS)
Tel./Fax: +39 0365 50 20 69 · info@trattoriaporto.com · www.trattoriaporto.com

RUHETAG:
im Sommer Mittwoch, im Winter Dienstag und Mittwoch
Betriebsferien: 7. Januar bis 4. Februar

AMBIENTE: 1984 hat Wanda Perotti mit einem Geschäftspartner die alte Fischerkneipe übernommen und in ein elegantes Restaurant verwandelt. Die traumhafte Terrasse, direkt am Lago und umgeben von blühenden Pflanzen, hat Wanda nicht in einen Wintergarten umgewandelt, wie so viele am Lago. Sie und ihre Gäste lieben es, in freier Natur dem See zu lauschen. Falls es regnet, kann man die köstlichen Fischgerichte innen im eleganten Ristorante genießen.

KÜCHE: Seit drei Jahren betreibt die engagierte Autodidaktin das Ristorante alleine. Sie war es, die den kulinarischen Stil des Al Porto geprägt hat. Oberstes Prinzip: Nur Süßwasserfische und die aufs Feinste zubereitet. Seit fünf Jahren ist ihr Neffe Saulo „lo chef". Drei verschiedene *Degustationsmenüs* bietet er an: Neben dem Klassischen Menü auch ein Menü mit *Variationen aus rohem Stör oder Süßwasserfischen.* Saulo ist fasziniert davon, aus Süßwasserfischen italienische Klassiker zuzubereiten, wie etwa einen *Brasato aus Luccio.* Für die kleinen Gäste gibt es leckeres *Kindermenü.*

WEINKARTE: Neben einer großen Auswahl an Champagnern und Franciacorta-Spumanti findet man feine Gewächse aus ganz Italien, wobei der Schwerpunkt bei den Weißweinen liegt. Von 10.30 bis 12.30 Uhr kann man im Al Porto auch ohne zu speisen einen Aperitivo genießen.

PREISNIVEAU: Weißweine liegen durchschnittlich bei 35 €, Rotweine bei 40 € pro Flasche. Die Menüpreise bewegen sich zwischen 55 und 70 €, das Degustationsmenü kostet 65 € und das Kindermenü 26 €.

PLÄTZE: 50 Gäste können sich auf der Terrasse verwöhnen lassen, bei Regen bietet das Restaurant 40 Personen Platz. Aber immer nur entweder-oder.

SPRACHE: Italienisch, Deutsch, Englisch und Französisch

LAGE: In Moniga del Garda immer in Richtung Porto. In der Nähe des Ristorante gibt es einen großen Parkplatz.

>>> **92**

VILLA AURORA

*D*ie elegante, moderne Villa mit der schönen Terrasse
und dem liebevoll gepflegten Garten ist die Anfahrt wert,
denn Idalgo Picinardi kocht vorzüglich
und das zu vernünftigen Preisen.
Von manchen Tischen aus hat man sogar
einen herrlichen Blick auf den Lago.

ADRESSE:

Ristorante Villa Aurora
Via Ciucani, 1/7 · 25080 SOIANO DEL LAGO (BS)
Tel./Fax: +39 0365 67 41 01

RUHETAG:

Mittwoch · Betriebsferien: über Weihnachten

AMBIENTE: Man vermutet eher eine private Villa, wenn man an dem Ristorante vorbeifährt. Natursteine und Holz verleihen dem Haus, das 2002 von den Signori Togni und Picinardi völlig renoviert wurde, eine sehr persönliche, warme Note. Der mediterrane Garten ist wunderschön und perfekt gepflegt. Auf der Terrasse sitzt man auf bequemen Metallstühlen, die Tische sind drinnen wie draußen mit goldgelben Stofftischdecken und -servietten gedeckt. Der Service ist herzlich und aufmerksam.

KÜCHE: Idalgo Picinardi ist seit 17 Jahren für die Küche zuständig, während sein Geschäftspartner Giuseppe Togni sich um den Service kümmert. Idalgo liebt eine saisonale Traditionsküche, der er eine wunderbare Leichtigkeit verleiht. Alles, was wir hier gegessen haben, war wunderbar. Kreativ, aber nicht gekünstelt. Köstlich die *Zucchiniblüten mit Minigemüsewürfeln gefüllt*, der *lauwarme Oktopussalat* und, und, und ...

WEINKARTE: Ein großes Angebot an Spumanti aus der Franciacorta und Champagner eröffnet die umfangreiche Weinkarte. Neben den Weinen der Region findet man auch eine große Auswahl an Gewächsen aus dem Friaul, Piemont und der Toskana. Zudem werden sieben verschiedene Süßweine aus Italien glasweise angeboten.

PREISNIVEAU: Die Weine liegen durchschnittlich bei 18 bis 20 € pro Flasche. Für Antipasti und Primi bezahlt man um 9 €, für Secondi 10 bis 14 € und für Desserts 4 bis 6 €. Ein 4-Gänge-Degustationsmenü kostet mit Caffè um 30 €.

PLÄTZE: 60 Plätze im hellen, freundlichen Gastzimmer und 60 im wunderschönen Garten

SPRACHE: Italienisch, Deutsch, Englisch und Französisch

LAGE: Auf der SP 25 von Soiano in Richtung Polpenazze liegt die Villa Aurora vor der Comune auf der linken Seite. Neben dem Ristorante gibt es einen großen Parkplatz.

>>> **93**

LA PEPOLA
TRATTORIA

*Lediglich eine Viertelstunde von Manerba entfernt,
im reizvollen Hinterland des Valtènesi,
speist man vom Feinsten in angenehmem Ambiente
und zu vernünftigen Preisen.
Anna Maria und ihr Sohn Gerardo kochen mit Leidenschaft
und Vater Hugo betreut die Gäste.*

ADRESSE:

*La Pepola Trattoria
Via I Maggio, 8 (ehemals Via Terzago, 13) · 25080 CALVAGESE D/R (BS)
Tel.: +39 030 60 10 94*

RUHETAG:

Mittwoch

AMBIENTE: Die Trattoria liegt am Hang und im Sommer hat man von der hübschen Terrasse, eingerahmt von gemauerten Bögen, einen wunderschönen Blick auf das Weinhügelland des Valtènesi. Das Gastzimmer ist schlicht und dennoch sehr elegant. Die Tische sind so gestellt, dass man Gespräche am Nachbartisch nicht mithören muss, die dezente Wandmalerei verleiht der Trattoria Charme und die Beleuchtung ist sehr angenehm.

KÜCHE: Köstlich die hausgemachte Pasta, z. B. die *Lasagnette con rucola e gorgonzola* oder das *Kaninchen mit Kastanienpolenta*, um nur zwei zu nennen. Bei allen Gerichten ist die Harmonie der verwendeteten Zutaten beeindruckend. Geschickt geht man mit Kräutern und Gewürzen um, die den natürlichen Geschmack der Produkte untermalen, aber niemals übertönen. Nach wie vor super, die *Garnelen in Tempurateig mit pikanter Sauce.* Nicht zu vergessen die lauwarmen *selbst gebackenen Brötchen* sowie der immer wieder wechselnde *Gruß aus der Küche.* Auch in diesem Jahr große Anerkennung für Anna Maria und Gerardo!

WEINKARTE: Eine Weinkarte gibt es mittlerweile. Aber man kann auch Hugo fragen, er kennt sich gut aus und hat eine feine Auswahl aus der Region und aus ganz Italien zusammengestellt. Er berät gerne und kenntnisreich.

PREISNIVEAU: Die Weine liegen bei 12 bis 18 € pro Flasche, doch es gibt auch Gewächse zu höheren Preisen. Antipasti kosten 8 bis 12 €, Primi 10 bis 16 €, Secondi 14 bis 25 € und Dolci um 6 €. Für das 4-Gänge-Menü – „di terra" oder „di mare" – bezahlt man 38 € inklusive Wasser und Hauswein. Die Brescianer Käse-Selektion kostet 12 €.

PLÄTZE: 40 Plätze innen, 30 auf der Terrasse

SPRACHE: Italienisch

LAGE: Von Manerba über Puegnago kommend, liegt die Trattoria vor Calvagese auf der linken Seite, ein wenig abseits, aber mit Hinweisschild. Übrigens: Auch die naheliegende Cantina Cantrina, deren Weine es in der Trattoria natürlich gibt, ist absolut einen Stopp wert.

TRATTORIA DA OSCAR

*U*mgeben von üppiger Blumenpracht
auf der gepflegten Terrasse und
mit Blick auf den Gardasee
die traditionelle Küche von Oscar genießen
und sich von Valeria verwöhnen zu lassen –
das sind garantiert schöne, erholsame Urlaubsstunden.

ADRESSE:
Trattoria Da Oscar
Via Barcuzzi, 16 · 25017 LONATO (BS)
Tel./Fax: +39 030 9 13 04 09 · www.daoscar.it

RUHETAG:
Montag und Dienstagmittag

AMBIENTE: Oscar führt die ehemalige Trattoria seiner Mutter, die „Da Angela", zwar traditionsbewusst weiter, jedoch nach seinem ganz persönlichen, kreativen und zeitgemäßen Geschmack. Eine Trattoria im eigentlichen Sinne ist es längst nicht mehr, hier speist man in elegantem Ambiente. Das Highlight ist natürlich die Terrasse – umgeben von einem gepflegten Blumengarten – mit dem spektakulären Blick auf den Gardasee.

KÜCHE: Oscar liebt eine leichte Küche. Essen muss gut schmecken, darf aber den Körper nicht belasten, lautet seine Devise. Und dass er diese Zubereitungskunst gut beherrscht, sieht man dem schlanken Koch auch an. Seine Karte ist auffallend umfangreich für ein Restaurant seiner Klasse, und dennoch wird alles frisch zubereitet. „Das macht zwar viel mehr Arbeit, aber so kann ich die Gäste noch mehr zufriedenstellen", erzählt er, „und meine Arbeit bleibt spannend und abwechslungsreich." *Pilze*, *Gemüse* und *frische Kräuter* liebt der naturverbundene Oscar besonders, er zaubert daraus verlockende Gerichte. Seine Kocherfahrung hat er bei Sterneköchen wie Gualtiero Marchesi in Italien und bei Bocuse und Troisgros in Frankreich vertieft.

WEINKARTE: Valeria, Oscars Ehefrau, kümmert sich um die Gäste und wählt gemeinsam mit ihm die Weine aus, die zu seiner Küche passen. Beide sind ausgebildete Sommeliers und bevorzugen Weine aus Italien.

PREISNIVEAU: Die Weine und Gerichte sind moderat kalkuliert. Eine Flasche Wein kostet zwischen 18 und 30 €, es gibt jedoch auch edle Gewächse. Die 4-Gänge-Degustationsmenüs, z. B. mit See- oder Meeresfischen, vegetarisch oder ein Kinder-Menü, liegen zwischen 30 und 50 €, inklusive 1 Glas Wein, Wasser und Caffé.

PLÄTZE: 60 Plätze innen, 60 auf der Terrasse

SPRACHE: Italienisch, Englisch und Französisch

LAGE: an der Hauptstraße von Lonato in Richtung Padenghe

>>> **95**

OSTERIA
AL BIANCHI

$\mathcal{S}$o freundlich, wie sie auf den Bild aussehen,
sind sie auch: Franco und sein Sohn Michele.
Die beiden bewirtschaften die älteste und
original erhaltene Osteria in Brescia.
Hier werden Speisen und Weine jedem Gast mündlich,
mit wohltuender Herzlichkeit schmackhaft gemacht.

ADRESSE:

Osteria Al Bianchi
Via Gasparo da Salò, 32 · 25121 BRESCIA (BS)
Tel.: +39 030 29 23 28 · Fax: +39 030 4 68 85
www.osteriaalbianchi.it

RUHETAG:

Dienstag, Mittwoch und Samstag nach dem Aperitivo
Betriebsferien: die ersten beiden Augustwochen

AMBIENTE:	Im Herzen von Brescia, in einer der mittelalterlichen Gassen, nur einen Steinwurf von der Piazza della Loggia entfernt, findet man noch eine echte, seit der Gründung 1881 niemals veränderte Osteria mit typischer Brescianer Küche. Franco Masserdotti und sein Sohn Michele sorgen mit ihrer herzlichen, offenen Art dafür, dass sich auch ausländische Gäste sofort wohl fühlen. Die Einheimischen – vom Studenten bis zum Professor, vom Maurer bis zum Bürgermeister – sind hier ohnehin zu Hause. In dieser traditionellen, urigen Osteria, einem Stück lebendiger Vergangenheit, gibt es, naturalmente, eine „mündliche" Speisekarte.
KÜCHE:	Vorwiegend typische Hausmannsküche – lombardisch geprägt, aber nicht nur – wird von Domenico Mantovanelli zubereitet. Er leitet seit über 17 Jahren im Al Bianchi die Geschicke in der Küche. Nicht entgehen lassen sollte man sich die *Malfatti al burro* (Spinat-Gnocchi) oder *Stracotto di asino* (Eselsschmorbraten). Wenn Sie rechtzeitig reservieren, gibt es auch *Bollito misto* oder *Paella*. Und keinesfalls sollte man auf die selbst gebackenen *Kuchen* und die sensationelle *Mousse alla zabaglione* verzichten.
WEINKARTE:	Vater und Sohn haben eine große Liebe zum Wein, das spürt der Kenner rasch. Es gibt zwar eine Weinkarte, die eine schöne Auswahl aus ganz Italien bietet, aber es ist ratsam Franco oder Michele nach einer Empfehlung zu fragen. Über 30 verschiedene Weine werden auf Wunsch auch glasweise ausgeschenkt.
PREISNIVEAU:	Die Flaschenweine liegen zwischen 11 und 30 €. Antipasti kosten 3,50 bis 7 €, Primi 6,50 bis 8 €, Secondi um 14 € und Dolci um 3 €.
PLÄTZE:	65 Plätze innen, 25 vor der Osteria
SPRACHE:	Italienisch und ein wenig Deutsch
LAGE:	Die Osteria liegt in unmittelbarer Nähe der Piazza della Loggia. Achtung: Fußgängerzone. Parken auf einem der öffentlichen Parkplätze im Zentrum.

>>> **96**

TRATTORIA MANGIAFUOCO

*F*leischesser sind hier genau richtig,
denn Savino Poffer ist Spezialist,
wenn es um Fleisch und Würste geht.
In der gemütlichen Gewölbegaststube fühlt man sich
sehr wohl, auch dank des freundlichen Service
von seiner Frau Lilly und den Kindern.

ADRESSE:
Trattoria Urbana Mangiafuoco
Via Calzavellia, 3/a · 37010 BRESCIA (BS)
Tel.: +39 030 29 30 29 · www.trattoriamangiafuoco.it

RUHETAG:
im Sommer Sonntag, im Winter keiner

AMBIENTE: Seit über drei Jahren betreiben Savino und seine Frau Lilly diese hübsche Trattoria, nur wenige Gehminuten von der Piazza Vittoria entfernt. Der Gewölbegastraum mit Säulen ist eine gelungene Basis für ein gemütliches, aber keineswegs zu rustikales Ambiente. Die kräftigen Farben der Wände und der Tischdecken bringen leuchtende Frische in den Raum, deshalb fühlen sich hier auch junge Leute sehr wohl. Mittags kommen die Angestellten der umliegenden Büros und Geschäfte, um sich zu stärken, abends sitzt man hier gemütlich, manchmal auch von Livemusik begleitet. Die täglich wechselnden Gerichte werden „a voce", also mündlich, erklärt. Notfalls gibt es eine Speisekarte mit Klassikern.

KÜCHE: Savino ist nicht nur ein begeisterter Koch, sondern auch ein Kenner der „materie prima" (der Ausgangsprodukte), allen voran Fleisch. Seine zweite Leidenschaft ist der Käse der Region. Wer hier isst, sollte nicht auf die Idee kommen, Fisch zu bestellen ... Wenn Sie aber zum Beispiel *Stinco* (Haxe), *Guancino* (Bäckchen) oder *Ossobuco* lieben, dann gibt es kaum was Besseres in Brescia. Und zum Abschluss lassen Sie sich die Käseauswahl schmecken. Übrigens: Schnäpse gibt es natürlich auch.

WEINKARTE: Bei den Weinen muss man ebenfalls nicht darben. Der Schwerpunkt liegt bei so viel Herzhaftem natürlich auf den Rotweinen, vorwiegend aus der Region.

PREISNIVEAU: Die Rotweine liegen durchschnittlich bei 14 bis 29 €, Antipasti kosten 11 bis 15 €, Primi 11 bis 14 € und Secondi um 15 €. Es gibt auch ein Mittagsmenü.

PLÄTZE: 60 Plätze

SPRACHE: Italienisch, Englisch

LAGE: Zwischen der Via Dante und dem Corso Mameli. Man parkt am besten in der Tiefgarage an der Piazza Vittoria, die 100 Meter entfernt liegt.

LO SCULTORE

*In den 30er-Jahren eröffneten
drei unerschrockene Schwestern diese Osteria,
die sich bald zu einem sozial-kulturellen Zentrum
des Viertels entwickelte.
Auch heute sind hier Hektik und Stress
bei einem Glas Wein und
leckerem Essen rasch vergessen.*

ADRESSE:
Lo Scultore – Vini & Cucina
Via C. Cattaneo, 24 · 25121 BRESCIA (BS)
Tel.: +39 030 2 94 39 67 · www.lascultore.it

RUHETAG:
Sonntag und Montag
Betriebsferien: 1 bis 11. Januar und zweite Augusthälfte

AMBIENTE: Betritt man die Osteria, die in einer der zahlreichen kleinen, verwinkelten Gassen der Altstadt von Brescia liegt, steht man erst mal vor einer weißen Bar. Dahinter befindet sich ein altes Holzregal mit vielen Flaschen, gleich daneben ein Tisch mit unterschiedlichster Literatur, bewacht von einer knieenden, stacheligen nackten Frauenspultur. Über einen Minikorridor kommt man dann in die beiden schmucken Geträume. Dunkle Holzstühle und die cremefarben eingedeckten Tische laden zum Verweilen ein.

KÜCHE: Tradition im modernen Gewand, so könnte man den Stil der Küche bezeichen. Natürlich steht, wie bei vielen Köchen, eine hohe Produktqualität im Vordergrund. Aber hier setzt man, wo immer es möglich ist, auf Bio, was in Italien noch eher eine Ausnahme ist. Brot wird zum Beispiel ausschließlich aus heimischem Mehl und Hefe gemacht. Es gibt auch eine MiB-Karte, das bedeutet, die Gerichte werden nur aus Produkten der allernächsten Umgebung hergestellt. Ich ließ mir einen „Cappuccino mit Croissant" schmecken, dahinter verbarg sich eine *Pilzsuppe mit Sahnehäubchen* in einer Tasse und dazu gab es ein *knuspriges Hörnchen mit Räucherlachs gefüllt*.

WEINKARTE: Das Weinangebot ist vielfältig, von Prosecco bis Champagner, Weine aus ganz Italien und viele aus der Region. Einige Weine gibt es auch glasweise.

PREISNIVEAU: Die Weine liegen durchschnittlich bei 15 bis 25 €, aber natürlich gibt es auch große Gewächse zu höheren Preisen. Antipasti kosten 10 bis 15 €, Primi 10 €, Secondi 10 bis 20 €, Dolci 6 € und die Panini MiB 10 €.

PLÄTZE: 50 Plätze innen, 15 vor dem Eingang

SPRACHE: Italienisch, Englisch

LAGE: Offizielle Parkplätze gibt es an der Piazza Vittoria, dann geht man am Dom vorbei in die Via Cattaneo.

HOSTARIA DEL TEATRO

*I*n dem sehenswerten Städtchen Castiglione
kocht Claudio Truzzi in seiner hübschen Hosteria
mantovanische Gerichte, raffiniert verfeinert.
„Lo chef" kommt an jeden Tisch,
erklärt seine Kreationen und empfiehlt
gleich den passenden Wein dazu.

ADRESSE:
Hostaria del Teatro di Claudio Truzzi
Via Ordanino, 5 B · 46043 CASTIGLIONE D. STIVIERE (MN)
Tel.: +39 0376 67 08 13 · hostariateatro@alice.it

RUHETAG:
Donnerstag

AMBIENTE: Der Name weist schon darauf hin: Wo man heute vorzüglich speist, wurden anno dazumal Gedichte vorgetragen. Das Ristorante befindet sich in der Altstadt von Castiglione d. Stiviere und besticht durch sein lichtdurchflutetes, ansprechend schlichtes Ambiente. Zwei große Fensterfronten an den Längsseiten des Raums bieten einen schönen Blick auf zwei Innenhöfe. In einem kann man bei schönem Wetter auch speisen.

KÜCHE: Eine Glaswand bietet einen freien Blick in die Küche, in der Claudio Truzzi geschickt hantiert. Der junge, leidenschaftliche Koch, der im Drei-Sterne-Restaurant Dal Pescatore in Runate und sechs Jahre in Frankreich in Top-Restaurants gearbeitet hat, verwirklichte hier seit einigen Jahren gemeinsam mit seiner Frau den Traum vom eigenen Ristorante. Seine Kreationen basieren auf der mantuanischen Küche, aber er verleiht ihnen eine wohltuende Leichtigkeit. Bislang ist die Hostaria noch ein echter Geheimtipp.

WEINKARTE: Die Weinkarte verrät Claudios Begeisterung für außergewöhnliche Weine und unbekanntere Weingüter. Wer nicht nach großen Namen sucht und sich auf die Empfehlungen des Patrone verlässt, wird nicht enttäuscht und froh darüber sein, wieder ein neues Tröpfchen entdeckt zu haben.

PREISNIVEAU: Flaschenweine beginnen bei 15 € und liegen durchschnittlich bei 25 €. Wer nur ein Glas möchte, verlässt sich auf Claudios Beratung. Für Antipasti zahlt man 14 bis 16 €, für Primi 13 bis 14 €, für Secondi 17 bis 19 € und für Desserts um 8 €. Das 5-Gänge-Menü „terra" kostet 45 €, das 5-Gänge-Menü „aqua" 60 €.

PLÄTZE: 28 Plätze innen, 18 im hübschen Innenhof

SPRACHE: Italienisch, Französisch und Englisch

LAGE: Wenn Sie vom Dom aus in die Via Ordanino gehen, finden Sie die Hostaria bald auf der rechten Seite.

>>> **99**

RISTORANTE CAFFÈ ITALIA

Der Name verwirrt ein wenig?
Natürlich kann man im Caffè Italia,
mitten in der Fußgängerzone von Desenzano,
auch einen Caffè oder Aperitivo trinken.
Aber vor allem isst man hier ganz exzellent.

ADRESSE:
Ristorante Caffè Italia
Piazza Malvezzi, 19 · 25015 DESENZANO DEL GARDA (BS)
Tel.: +39 030 9 14 12 43 · Fax: +39 030 9 14 18 53
www.ristorantecaffeitalia.it

RUHETAG:
Montag; mittags und abends geöffnet

AMBIENTE: Im Caffè Italia ist schier alles möglich: An der einladenden Theke im Eingangsbereich kann man einen Cappucino oder Aperitivo trinken. In vier unterschiedlich gestalteten Speiseräumen gibt es von Pizza über eine fantastische Auswahl an Meeresfrüchten und Meeresfischen bis hin zu diversen Degustationsmenüs einfach alles. Die eleganten Räume sind vor allem außerhalb der Saison bei Einheimischen sehr gefragt, denn sie sind verrückt nach allem, was sich im Meer tummelt. Im Sommer sitzt man am liebsten auf bequemen Rattanstühlen unter den riesigen Baldachinen und genießt das italienische Flair der größten Stadt am Gardasee.

KÜCHE: Meeresfische und Krustentiere, dafür ist das Ristorante vor allem bekannt. Köstlich die frittierten Meerestiere, aber auch die verschiedenen Menüs, zum Beispiel „Dalla Terra", also eine Speisenfolge mit einem Fleischgericht, das „Il Pescatore" mit Meeeresfischen sowie einige mehr. Und außerdem gibt es, wie gesagt, auch eine stattliche Anzahl an Pizzen.

WEINKARTE: Luigi Tremolini, der Besitzer, ist ein Weinliebhaber. Unter über 500 verschiedenen Weinen aus Italien und dem Rest der Welt kann man auswählen. Man findet hier selbst Château Yquem 1973 bis 1993, Château Pétrus 1988 und vieles mehr, was man gerne liest, auch wenn man sich dann doch für einen der Luganaweine entscheidet, die im Mittelpunkt stehen.

PREISNIVEAU: Ein Glas Wein kostet um 3 €, Flaschenweine beginnen bei 15 €. Für Antipasti bezahlt man um 8 €, für Primi 16 bis 20 € und für Secondi 18 bis 22 €. Für die exzellenten Fischplatten muss man um 40 € rechnen und die Menüs liegen zwischen 30 und 50 €.

PLÄTZE: 110 Plätze im Restaurant, 90 unter den Baldachinen

SPRACHE: Italienisch, Deutsch, Englisch, Französisch

LAGE: Parken Sie auf dem öffentlichen Parkplatz am Lago und gehen beim kleinen Hafen nach oben. Hier sehen Sie bald die Baldachine des Caffè Italia.

TANCREDI

Ein Ristorante mit beeindruckendem Flair.
Ob im modern gestylten Restaurant mit der Glasfront,
im gepflegten Garten direkt am See
oder auf der schicken Dachterrasse –
hier gibt es Genuss für alle Sinne!

ADRESSE:
Tancredi – Restaurant – Drinks
Via XXV Aprile, 75 · 25019 SIRMIONE (BS)
Tel.: +39 030 9 90 43 91 · www.tancredi-sirmione.com

RUHFTAG:
Montag; geöffnet von 12 bis 24 Uhr
Betriebsferien: 6. Januar bis 12. Februar

AMBIENTE: Tancredi ist der Name eines Künstlers aus Sirmione (1893–1993), der ganz in der Nähe des Restaurants lebte. Dieses nach ihm benannte Restaurant gehört zur Gruppe Arcadia, wie auch das Risorgimento und das Wara Warda in der Altstadt von Sirmione. Das Tancredi ist Ristorante, Apertivo-Bar, nachts auch Disco, und super geeignet für stilvolle Feste. Besser als das faszinierende Ambiente beschreiben zu wollen, ist ein Hinweis auf die Website.

KÜCHE: Modern, stylish und total chic – das ist nur dann perfekt, wenn auch Küche und Service stimmen, so wie hier. Obwohl wir an einem grauen Novembermittag die einzigen Gäste waren, fühlten wir uns sehr wohl. Arnaldo Damiani ist nicht nur „lo chef", er ist auch der Verantwortliche für diese traumhafte Location. Wir waren sehr angetan von seinem Kochstil. Die *in Chianti geschmorte Lammhaxe* wie auch das *Ossobuco* waren grandios. Der Liebe wegen ging Arnaldo 1985 von Friaul an den Lago, und nun kann er im Tancredi seine Kreativität voll verwirklichen. Zur Seite steht ihm Souschef Alberto Luccon und für die sündhaft feinen Desserts ist Andrea Sartori zuständig.

WEINKARTE: Die Weinkarte bietet eine stattliche Anzahl von Spumante und Champagner, Lugana nur von einem Winzer, keine Weißweine aus dem nahen Veneto, dafür aus Südtirol und anderen italienischen Regionen. Für mich ein wenig mager – im Vergleich zum Ambiente.

PREISNIVEAU: Die Weine kosten zwischen 20 und 40 € und darüber. Für Antipasti zahlt man 13 bis 22 €, für Primi 15 bis 17 €, für Secondi 17 bis 25 € und mehr für Spezialteller, für Dolci um 10 €. Und es gibt Pizzen von 6 bis 8 €.

PLÄTZE: 40 Personen im Ristorante, 20 auf der Terrasse

SPRACHE: Italienisch, Englisch, Deutsch

LAGE: auf den Weg zur Altstadt auf der rechten Seite

TRATTORIA ANTICA CONTRADA

Wer wie ich in der Saison das Touristengeschiebe
in der Altstadt von Sirmione meidet,
wird sich in dieser eleganten Trattoria wohlfühlen.
Fische aus See und Meer, aber auch Fleisch, stehen
auf der Karte und der Service ist aufmerksam und herzlich.
Tipp: das preiswerte Drei-Gänge-Mittagsmenü.

ADRESSE:
Trattoria Antica Contrada
Via Colombare, 23 · 25019 SIRMIONE (BS)
Tel: +39 030 9 90 43 69 · www.anticacontrada.it

RUHETAG:
Montag und Dienstagmittag · Betriebsferien: Januar bis 10. Februar

AMBIENTE: 1991 eröffnete Massimo Bocchio in dem alten Fischerhaus diese schlichte, elegante Trattoria. Von der hübschen Bar im Eingang überblickt man die ganze Trattoria und den gepflegten Garten, der an das Lokal anschließt. Eine Holzbalkendecke und edel gedeckte Tische mit schönen Gläsern vermitteln eine angenehme Atmosphäre, die eher an ein Ristorante als an eine Trattoria erinnert. Im Sommer ist natürlich der ruhig gelegene Garten mit Seeblick willkommen.

KÜCHE: Spezialität sind hier Fische – teils vom Meer, teils vom Gardasee. Die Fische aus dem Lago sind allesamt selbst gefischt, denn die Familie verfügt über ein Fischereirecht. Die *Gardaseefische* grillt der Koch am liebsten, während er aus den *Meeresfischen* kreative Gerichte zubereitet, begleitet von saisonalem Gemüse. Die *Pasta* ist hausgemacht und wird mit leckeren *Sugos* serviert. Mamma Emma achtet darauf, dass die Tradition auch in der Küche gewahrt wird und ist stolz auf ihren Sohn, der die Trattoria mit viel Herzlichkeit führt. Und daran hat sich auch bei meinem letzten Besuch nichts geändert.

WEINKARTE: Luganaweine sind hier, inmitten dieses Weinbaugebiets, am gefragtesten. Sie passen besonders gut zu den feinen Fischgerichten. Es gibt jedoch auch Weine aus ganz Italien, rund 150 stehen auf der Karte. Die glasweise ausgeschenkten Weine, drei Weiß- und drei Rotweine, ändert Massimo alle 15 Tage.

PREISNIVEAU: Für ein Glas Lugana bezahlt man 2,50 bis 3 €, für eine Flasche Lugana 18 bis 22 €. Mittags gibt es ein 3-Gänge-Menü für 20 €. Antipasti kosten 10 bis 18 €, Pastagerichte 11 bis 21 €, Secondi ab 16 € und Desserts 6 bis 8 €.

PLÄTZE: 50 Plätze innen und 60 im hübschen Garten

SPRACHE: Italienisch, Englisch, Französisch und Deutsch

LAGE: Fährt man von Sirmione kommend in Richtung Centro storico, liegt die Trattoria auf der rechten Seite. Schräg gegenüber ist ein großer Parkplatz.

FENIL CONTER

*E*in Agriturismo zum Wohlfühlen,
aber vor allem ein Ristorante mit sehr guter Küche.
Köstliche traditionelle Gerichte,
die man sonst kaum noch auf Speisekarten findet,
werden warmherzig in stilvollem Ambiente serviert.

ADRESSE:
Fenil Conter
25010 POZZOLENGO (BS)
Tel.: +39 030 9 91 60 52 · www.agriturismolepresceglie.com

RUHETAG:
Montag; im Winter nur von Donnerstag bis Sonntag geöffnet
Betriebsferien: Januar

AMBIENTE: Anlässlich eines Treffens mit den Tourismusverant-wortlichen für das moränische Hügelland kam ich vor zwei Jahren in den Genuss dieser wunderbaren manto-vanischen Küche. Damals begann Clelia, die Mamma von Cristina, die ganz in der Nähe ein hoch geschätz-tes Wellnesscenter leitet (ebenfalls mit Agriturismo), dieses Restaurant zu eröffnen. Das stilvolle Haus aus dem 17. Jahrhundert wäre schon Kulisse genug, aber La Signora hat das ganze Drumherum passend inte-griert: zwei kleinere Speisezimmer, dazu ein nobel ge-stalteter Wintergarten und dann natürlich die Terrasse mit dem Schwimmbad ganz in der Nähe.

KÜCHE: Alles, was hier gekocht wird, basiert auf traditionellen Gerichten und geschieht unter Aufsicht von Signora Clelia. Ich vergesse nie *Manzo all'olio*, ein Rindfleisch, das langsam mit Gemüse, Brühe und reichlich feins-tem Olivenöl bei schwacher Temperatur geschmort wurde. Sensationell die *Caponsei,* so heißen hier die *Gnocchi di pane*.

WEINKARTE: Die ansprechenden Weine kommen alle vom 18 Hektar großen hauseigenen Weingut. Man kann sie glasweise bestellen und selbstverständlich auch für zu Hause kaufen. Die Weinnamen kommen aus dem ayurvedi-schen Bereich: Hamsa, Kundalini, Kaivalya. Es gibt aber auch Weine von anderen Winzern auf der Karte.

PREISNIVEAU: Die Weinpreise liegen durchschnittlich bei 10 bis 20 €. Für Antipasti, z. B. Dreierlei des Hauses, zahlt man 8 €, die Primi liegen um 10 € und die Secondi um 12 €, die verführerischen Desserts kosten um 5 €.

PLÄTZE: 80 Plätze gibt es drinnen und 80 draußen, aber es wird nur für maximal 80 Personen gekocht.

SPRACHE: Italienisch, Deutsch und Englisch

LAGE: Man fährt von der Ausfahrt Sirmione in Richtung Poz-zolengo. Zum Agriturismo Fenil Conter biegt man nach wenigen Kilometern rechts ab, er ist ausgeschildert.

>>> **103**

ANTICA LOCANDA DEL CONTRABBANDIERE

*E*in wenig versteckt im moränischen Hügelland,
unweit von Peschiera,
kann man mit „passione" zubereitete traditionelle,
aber sehr kreativ verfeinerte Gerichte
entweder im romantischen Garten
oder in den heimeligen Gasträumen genießen.

ADRESSE:
Antica Locanda del Contrabbandiere
Loc. Martelosio di Sopra, 1 · 25010 POZZOLENGO (BS)
Tel.: +39 030 91 81 51 · www.locandadelcontrabbandiere.com

RUHETAG:
Montag; nur abends geöffnet, sonntags und an Feiertagen auch mittags
Betriebsferien: Ende Dezember bis Ende Januar

AMBIENTE: Mit viel Sinn für Details hat Imero Bonato diese ge
schichtsträchtige Locanda Contrabbandiere (übersetzt
Haus der Schmuggler) inmitten der hügeligen Morä-
nenlandschaft renoviert. Die zwei kleinen Gasträume
sind mit alten Holztischen und -stühlen eingerichtet.
Weiße Spitzendeckchen verzieren die Lampen und
bedecken die Tische, ohne die schöne Holzmaserung
ganz zu verdecken. Die sanften Rottöne der Wände
bilden einen warmen Hintergrund für die Bilder, die
der Kunstsammler Imero immer wieder austauscht.

KÜCHE: Lorenzo, der Sohn des Besitzers, ist ein leidenschaft-
licher Koch und hat in guten Häusern gekocht. Sein
Papa kaufte dieses schmucke Haus, nicht zuletzt des-
halb, damit er selbst immer gut bekocht wird und seiner
Leidenschaft Gäste zu verwöhnen nachkommen kann.
Dabei unterstützt ihn seine Schwiegertochter Valentina
und peu à peu auch seine hübsche vierjährige Enkelin.
Lorenzos Gerichte sind ein fein abgestimmter Mix aus
Mantova- und Gardasee-Küche, jahreszeitlich angepasst
und mit individueller Note.

WEINKARTE: Um die Auswahl der Weine kümmert sich Papà, der
im Sommer gerne die Gäste berät – auch in sehr gutem
Deutsch. Sobald es November wird, zieht es ihn in
wärmere Gefilde, um im Frühjahr gut erholt wieder
zurückzukehren. Die Weinkarte bietet eine schöne
Auswahl aus ganz Italien, aber die Lieblingstropfen der
Gäste sind die Luganaweine, vor allem von den nahe
liegenden Weingütern Ottella und Roveglia.

PREISNIVEAU: Die Weine liegen zwischen 18 und 70 €. Vorspeisen
kosten 8 bis 10 €, Pasta und Co. 8 bis 15 €, Secondi
12 bis 17 € und die feinen Desserts um die 7 €.

PLÄTZE: 25 Plätze innen, 25 Plätze auf der Terrasse

SPRACHE: Italienisch, und Vater Imero spricht sehr gut Deutsch

LAGE: Fährt man von Peschiera in Richtung Pozzolengo,
weist rechts ein Schild auf die einsam gelegene
Locanda hin.

IL TESORO

*S*eit September 2010 gibt es
am Rande des Parco Mincio
diese kulinarische Oase in einem modernen Ambiente.
Man müsste skeptisch sein, wüsste man nicht,
dass hier La Signora Silvana Antonutti,
Besitzerin und Sterneköchin vom
Al Bersagliere, kocht!

ADRESSE
Il Tesoro
Via Settefrati, 96 · 46040 RIVALTA SUL MINCIO (MN)
Tel.: + 39 0376 68 13 81 · www.tesororesort.it

RUHETAG.
Sonntagabend, Montag und Dienstag
Betriebsferien: Januar

AMBIENTE: Feinschmecker wissen, dass das Al Bersagliere in Goito ehemals ein Zwei-Sterne-Restaurant war. Silvana kochte, während sich ihr Mann um die Gäste kümmerte. Als Silvanas Mann vor zwei Jahren nach längerer Krankheit starb, wollte Signora Silvana nicht alleine weitermachen. Da kam ihr das Angebot, im Il Tesoro zu kochen, ganz gelegen – und die Genießer im ganzen Umkreis freuen sich. Das Il Tesoro liegt mitten im Grünen und die Einrichtung des geräumigen Restaurants ist so zurückhaltend gestaltet, dass der wunderschöne Park der Hingucker ist. Gleich daneben liegt ein sehr apartes kleines Resort, jedes der Apartments ist in einem anderen Stil gestaltet, und bald gibt es auch ein Schwimmbad und einen Wellnessbereich.

KÜCHE: Silvana kocht wie immer fantastisch. Köstlich die Risotti, wie z. B. der *Risotto con piselli e corregone* (Risotto mit Erbsen und Felchenfilets), die stets der Saison angepassten *Nudelgerichte*, die zart geschmorten *Fleischgerichte* oder die raffinierten *Fischteller*.

WEINKARTE: Um den Service kümmert sich sehr aufmerksam Luca Maraldi. Die Weinkarte war, als ich im Oktober 2010 da war, noch im Aufbau. Sie ist bislang klein, aber mit guten Winzern bestückt. Ein paar Weine mehr aus der Region wären eine Bereicherung.

PREISNIVEAU: Die Weine liegen bei 11 bis 17 € pro Flasche. Antipasti kosten 9 bis 12 €, Primi 10 bis 12 € und Secondi 10 bis 15 €. Für den exquisiten Käseteller bezahlt man 10 €.

PLÄTZE: 80 Plätze innen, 50 im schönen Innenhof

SPRACHE: Italienisch, Englisch, Französisch

LAGE: Vom Lago aus geht es Richtung Goito und dann einige Kilometer weiter über eine Bundesstraße den Mincio entlang nach Rivalta. Ab da ist Il Tesoro ausgeschildert. Man fährt von Peschiera etwa 30 Minuten.

>>> **105**

IL CIGNO

*Alessandra und Gaetano sind ein Dreamteam:
Sie kocht leidenschaftlich
eine moderne Mantova-Küche
auf Basis uralter traditioneller Rezepte,
und er ist ein perfekter und liebenswerter Gastgeber
im noblen Familienrestaurant.*

ADRESSE:
Il Cigno · Trattoria dei Martini
Piazza C. d'Arco · 46100 MANTOVA (MN)
Tel.: +39 0376 32 71 01

RUHETAG.
Montag und Dienstag · Betriebsferien: 1. bis 5. Januar!
Im Juli und August unbedingt vorher anrufen!

AMBIENTE: In den 60er-Jahren eröffnete Gaetano die Trattoria gemeinsam mit seiner Mutter. Schon beim Eintreten in den alten Palazzo aus dem 15. Jahrhundert spürt man, dass dies keine Trattoria im eigentlichen Sinne ist. Es gibt mehrere Speiseräume, die alle von den Jahrhunderten geprägt sind, geschmackvoll ergänzt von edler Tischwäsche, feinem Geschirr und schönen Gläsern. Gaetano bewirtet pro Abend höchstens 45 Personen.

KÜCHE: 1964 heiratete Gaetano Alessandra, eine begnadete Köchin, die im Lauf der Zeit einen ganz eigenen Kochstil entwickelte und damit auch den Stil der Trattoria in den 90er-Jahren völlig veränderte. Basis ihrer Küche sind traditionelle Rezepte, die sie in sehr alten Kochbüchern erstöbert. Diesen Gerichten verleiht sie eine moderne, zeitgemäße Note, ohne die Originalität zu leugnen. Und natürlich verwendet sie nur Produkte der Region. So überrascht sie zum Beispiel mit einem raffinierten Salat, köstlich mariniert und kombiniert mit saftig gegartem Kaninchenfleisch. Man möchte meinen, es sei eine Kreation des 21. Jahrhunderts, tatsächlich entstammt es einem uralten Rezept.

WEINKARTE: Das Weinangebot ist wohldurchdacht und auf die Küche abgestimmt. Gerne empfiehlt Gaetano auch einen fein prickelnden Lambrusco, der meist sehr gut mit den mantuanischen Gerichten harmoniert.

PREISNIVEAU: Die Flaschenweine liegen durchschnittlich bei 16 bis 45 €. Antipasti kosten 8 bis 15 €, Primi 13 bis 15 €, Secondi 13 bis 28 € und die verführerischen Dolci um 8 €.

PLÄTZE: Es werden höchstens 45 Personen bewirtet, deshalb ist eine Reservierung empfehlenswert.

SPRACHE: Italienisch, Französisch und Englisch

LAGE: Die Trattoria liegt in der Altstadt von Mantova; großer öffentlicher Parkplatz direkt vor der Tür.

ANTICA OSTERIA AI RANARI

Die von einem sympathischen und engagierten weiblichen Team geführte Osteria hat eine über hundertjährige Tradition. Damals kehrten Fischer hier ein, heute junge Einheimische, die sich die Gerichte der Region und dazu prickelnden Lambrusco schmecken lassen.

ADRESSE:
Antica Osteria ai Ranari
Via Trieste, 11 · 46100 MANTOVA (MN)
Tel.:/Fax: +39 0376 32 84 31 · osteriaranari@libero.it

RUHETAG:
Montag

AMBIENTE: Ai Ranari heißt „zu den Fröschen", und die gab es hier vor hundert Jahren, sozusagen direkt vor der Haustüre, in Hülle und Fülle. Die Osteria liegt unweit des kleinen Hafens und nur etwa 10 Gehminuten vom pittoresken Zentrum Mantovas entfernt. Das Ambiente ist angenehm schlicht: ein klassischer Steinfußboden, alte Holzstühle und -tische, Papiersets, Stoffservietten und schöne Gläser. Seit drei Jahren liegen die Geschicke der antiken Osteria in Frauenhänden. Antonella kocht, Isabella ist für den Service zuständig und Clara, die Chefin, kümmert sich um die Weinauswahl.

KÜCHE: Hier kocht man traditionell, ohne viel Drumherum. Um dem Namen gerecht zu werden, gibt es natürlich *Frösche*, mit Backteig umhüllt und knusprig frittiert, aber auch *Kutteln*, ausgebackene *Stockfischküchlein auf Fenchelsalat*, *Tortellini mit Kürbisfüllung* und natürlich ein *Stracotto di cavallo al Lambrusco (Pferdefleisch in Lambrusco geschmort)* und einiges Typisches mehr.

WEINKARTE: Eine feine Mischung typischer Weine aus Mantova und ganz Italien. Zu der kräftigen Mantova-Küche passt ein alkoholarmer Lambrusco besonders gut; der prickelnde Rotwein macht die Speisen bekömmlicher. Einige Weine kann man auch glasweise bestellen.

PREISNIVEAU: Eine Flasche Lambrusco kostet ab 8,50 €, Weine aus anderen Regionen liegen pro Glas bei 2,50 bis 4 €, Flaschenweine durchschnittlich bei 10 bis 22 €. Für die verlockenden Schinken- und Salamiteller bezahlt man 8 bis 11 €, für Antipasti 7,50 bis 9 €, für Primi um 8 €, für Secondi 10 bis 15 € und für die wunderbar gereiften Slowfood-Käse mit Mostarda je nach Größe 8 bis 16 €.

PLÄTZE: 50 Personen finden in der Osteria Platz.

SPRACHE: Italienisch und ein wenig Englisch

LAGE: Die Osteria liegt am Ende des Corso Giuseppe Garibaldi, nahe dem Porto Catena. Parkplätze gibt es in der Nähe.

Entspannung auf Italienisch heißt Aperitivo!

*W*as ich immer ganz besonders vermisse, wenn ich wieder in München bin, sind die lockeren Treffs mit Freunden in einer Aperitivo-Bar. Nach der Arbeit, vor dem Abendessen, in einer Bar einen Drink zu nehmen und die Hektik des Arbeitstages bei einem Glas Wein, einem prickelnden Spumante oder einem Cocktail abzuschütteln, das finde ich einfach super. Dazu stillt man den ersten Hunger mit Oliven, Knabbereien und Appetithäppchen, die je nach Bar unterschiedlich aufwendig sind. Man unterhält sich, hört Musik und entspannt. Auch wenn man im Urlaub keinen Stress abbauen muss, mit einem Aperitivo überbrückt man die Zeit bis zum späten Abendessen in bella Italia ganz fantastisch.

Spritz & Co., die Gute-Laune-Aperitivi

Bei einem Glas Wein, Spumante oder Spritz – mal mit Aperol, mal mit Capmpari – lässt sich das „dolce far niente" am besten genießen. Wer echtes italienisches Bar-Feeling erleben möchte, bleibt am Tresen stehen. Auf diese Weise kommt man rasch in Kontakt mit italienischen Gästen und kann dabei, sofern man ein wenig Italienisch spricht, manch wertvollen Tipp erhalten. Die meisten Bars haben aber auch Tische im Freien, so dass man zudem die umherflanierenden Menschen beobachten kann. Die leckeren Stuzzichini, die oftmals auf dem Tresen oder einem Büfett angeboten werden, holt man sich entweder selbst oder man bekommt sie auf kleinen Tellern zum Drink serviert. Denn, etwas trinken ohne zu essen, ist für Italiener undenkbar.

Aperitivo-Bars nach dem Mailänder Konzept

Rund um den See gibt es unzählige Bars, in denen man von morgens bis abends Caffè, Campari, Spritz oder Prosecco trinkt und dazu Patatine (Kartoffelchips), Oliven oder Knabbereien nascht. Ich habe aber für Sie Bars ausgewählt, die – so wie man es in Mailand seit jeher liebt – zur Happy Hour ein buntes Büfett mit Leckerbissen aufbauen. Dieser Trend kommt allmählich auch rund um den Lago in Schwung. Ich stelle Ihnen auf den folgenden Seiten meine Favoriten vor, viele davon sind natürlich in den Städten, da dort der Drink nach der Arbeit, vor dem Nachhausegehen, von den Einheimischen immer schon gerne praktiziert wird. Aber auch in den Touristenorten nehmen diese Art von Bars immer mehr zu – das ist sehr schön.

Begriffe rund um den Aperitivo

Spritz oder Sprizz, der Name kommt aus der Zeit, als österreichische Soldaten im Veneto kämpften und einen „Gspritzten" tranken. Daraus entstand dann im Laufe der Zeit der Spritz oder Sprizz, ein Mix aus Aperol, Wein oder Prosecco und Soda. Es gibt auch die Version mit Campari und viele weitere Varianten.

Pirlo heißt Spritz auf der lombardischen Seite des Gardasees, also von Salò bis Brescia und Limone.

Franciacorta nennt man kurz die exzellenten Spumanti aus Franciacorta. Es sind stets Flaschengärsekte, vergleichbar mit Champagner.

Prosecco: Die Prickler aus der gleichnamigen Traube dürfen seit Sommer 2009 nur noch aus dem DOC-geschützten Gebiet im Veneto kommen. Da Prosecchi Tankgärsekte sind, ist ihr Preis niedriger als der von Champagner oder Franciacorta, die jahrelang in der Flasche reifen.

Stuzzichini, auf Deutsch Häppchen, sind kleine kulinarische Verlockungen wie Tramezzini, Tartine, Pizzen, eingelegte Gemüse usw.

RANDRE

ADRESSE:
Randre
Largo Carducci 18
38122 TRENTO (TN)
Tel.: +39 0461 98 21 64

ÖFFNUNGSZEITEN:
7 bis ca. 21 Uhr, manchmal
auch länger
Sonntag geschlossen

AMBIENTE: Die Bar gibt es seit 20 Jahren, aber seit 2003 hat sie ein völlig neues Outfit. Das altmodische Holzinterieur wurde entfernt und durch eine moderne weiße Bar, eine schwarze Decke und warme Beleuchtung ersetzt. Eine Spiegelwand vergrößert den Raum optisch. Wie es in italienischen Bars Tradition ist, darf ein großer Flachbildschirm nicht fehlen – auf dem vor allem Sportereignisse zu sehen sind. Vor dem Eingang sitzt man auf modernen blauen Stühlen, mitten in der Fußgängerzone in der schönen Altstadt von Trento.

GETRÄNKE: Spritz führt auch in Trento die Hitliste der Aperitivos an. Doch es gibt auch leckere Cocktails und eine schöne Auswahl an Trentiner Weinen von Nosiola über Marzemino bis Teroldego, außerdem Weine aus Südtirol und natürlich Prosecco und Bollicine aus Trentino.

STUZZICHINI: Im Sommer reicht man hier zur Happy Hour gerne Pizzimonia (Gemüsestreifen mit Dip), aber auch Tartine oder andere Kleinigkeiten je nach Jahreszeit. Nüsse, Brotkringel und Oliven werden zusätzlich in kleinen Schälchen serviert.

PREISE: Spritz (Aperol und Campari) 3 bis 3,50 €, Spritz Red Bull 7 €, Weine 3 bis 5 €, kleine Snacks 2 bis 8 €.

LAGE: Die Bar liegt nahe der Piazza Venezia, in der Fußgängerzone der sehenswerten Altstadt von Trento.

RIVA BAR

ADRESSE:
Riva Bar
Cocktails und Musik
Largo Medaglie d'Oro
38066 RIVA DEL GARDA (TN)
Tel.: +39 0464 55 19 69
info@rivabar.it

ÖFFNUNGSZEITEN:
täglich von 8 bis 2 Uhr

AMBIENTE: Im ehemaligen Bahnhof von Riva hat Leonardo Veronesi 2008 eine sehr schicke Bar eröffnet, die aus zwei Räumen besteht. Ein Raum wird vorwiegend in der kühleren Jahreszeit frequentiert und ist auch bestens für private Feiern geeignet, der andere ist modern gestaltet und öffnet sich zur Terrasse hin, dem ehemaligen Bahnhofsvorplatz. Creme- und orangefarbene Stühle, Rattansitzgruppen und hohe Tische mit Barhockern laden zum Cocktailtrinken ein. Mittwochs und samstags sorgt ein DJ oder Livemusik für Unterhaltung.

GETRÄNKE: Es wäre schade, wenn Sie hier nur einen Spritz trinken, denn Leo und sein Team mixen wunderbare Cocktails, mit oder ohne Alkohol. Und wer es pur liebt, findet hier garantiert auch seinen Lieblingsrum oder -whiskey – die Auswahl an Digestifs ist sehr groß.

STUZZICHINI: Zwischen 18 und 21 Uhr verwandelt sich der Tisch, auf dem tagsüber Zeitschriften liegen, in ein verlockendes Stuzzichini-Büfett. Tartine, Nudelsalate, Bruschette, Mini-Canederli oder gratiniertes Gemüse – alles steht bereit, um den Aperitivo zu begleiten.

PREISE: Spritz 3 bis 3,50 €, Mojito (der beliebteste Drink der Bar) und Caipirinha 6 bis 7 €, Wein 3 bis 5 €, Bollicine 3 bis 8 €.

LAGE: Die Bar befindet sich nahe des Palazzo di Congressi und des Sees im alten Bahnhof, wo auch das Info-Touristikcenter von Ingarda ist.

VIADANTE 20

ADRESSE:
Viadante 20
Via Dante, 20
38068 ROVERETO (TN)
Tel.: +39 0464 43 80 60

ÖFFNUNGSZEITEN:
7.15 bis 21 Uhr
Mittwoch und Sonntagnachmittag
geschlossen

AMBIENTE: In der Altstadt des vom Tourismus ein wenig vergessenen Städtchens Rovereto liegt die kleine, smarte Tagesbar, stark frequentiert von den Geschäftsleuten, die im Zentrum arbeiten. Man kommt hierher, um morgens das obligatorische Cornetto oder Biscotti zum Cappuccino oder Caffè zu verzehren, sich mittags mit einem Teller Pasta zu stärken, nachmittags zum Tee oder schnellen Caffè und dann natürlich zum Aperitivo, stets von Stuzzichini della casa begleitet.

GETRÄNKE: Verschiedenste Caffè calde o freddi (kalt oder heiß), aber auch eine stattliche Anzahl an Teesorten stehen zur Auswahl, Biere aus Deutschland, Belgien und England, naürlich Campari und Spritz in allen Variationen und auch einige Cocktails– mit und ohne Alkohol.

STUZZICCHINI: Zur Apertivo-Zeit gibt es täglich unterschiedliche Stuzzicchini, durchgehend kann man sich aber auch mit Piadine (dünne Fladenbrote), unterschiedlich belegten Panini oder Salaten stärken.

PREISE: Spritz und Camparidrinks 2,50 bis 3,50 €, Bier 2,90 bis 5 €, Caffè 1 bis 3 €, frisch gepresster Orangensaft 2,50 €, Panini 4 bis 5 €, Piadine und Salate von 4,50 bis 8 €.

LAGE: Die Bar liegt nicht weit vom Museum Mart entfernt. Machen Sie einen kleinen Bummel durch das absolut sehenswerte Städtchen Rovereto bis in die Via Dante.

LA PEDRERA

ADRESSE:
La Pedrera
Via Don Nicola Mazza, 1
38010 AFFI (VR)
Tel.: +39 045 7 23 81 03
www.cafelapedrera.it

ÖFFNUNGSZEITEN:
täglich von 7 bis 2 Uhr

AMBIENTE: Jahrelang bin ich am La Pedrera vorbeigefahren, nicht wissend, welch atraktive Bar das ist. Umso größer meine Überraschung, als ich dort zu einem Aperitif eingeladen war. Die naturbelassenen Steinwände verleihen der Bar Wärme und die Glasfronten angenehme Luftigkeit. An warmen Tagen sitzt man auf der Terrasse und kann von hier aus das geschäftige Treiben auf dem Parkplatz des Supermarkts gegenüber beobachten. Freitags, samstags und sonntags gibt es Livemusik und Party bis um 2 Uhr. Mittags ist Lunchtime von 12 bis 15 Uhr.

GETRÄNKE: Spritz in allen Variationen – mit Wein, Prosecco, Campari, Martini, Rhabarbarsaft. Diverse Cocktails, Prosecchi, Spumanti und eine schöne Weinauswahl runden das Angebot ab.

STUZZICHINI: Hier erlebte ich zum ersten Male die Aperitivo-Gepflogenheit mit den Stuzzichini. Ich staunte, als ich sah, was gegen 18 Uhr aufgebaut wurde: diverse Salate, Schinken, Salami, Oliven, Focaccia, Dolci, Früchte und vieles mehr. Das holt man sich zum Aperitivo, und lässt mit Freunden oder Kollegen entspannt den Arbeitstag ausklingen. Donnerstags gibt es Sushi & Spritz, begleitet bis 21 Uhr von Pianomusik.

PREISE: Spritz classico 3,50 €, Spritz Veneziano 3,50 €, Spritz Campari und alle weiteren Kreationen 4 bis 5 €, Cocktails 4 bis 6 €.

LAGE: vis-à-vis der Einfahrt zum Iperaffi; Parkplätze vorhanden

CAFFÈ ITALIA

ADRESSE:
Caffè Italia
Piazza Principe Amedeo, 2
37011 BARDOLINO (VR)
Tel.: +39 045 7 21 15 85
www.cafeitalia.it

ÖFFNUNGSZEITEN:
9 bis 2 Uhr
im Sommer keine Ruhetag,
von November bis Februar Montag,
Dienstag und Mittwoch geschlossen

AMBIENTE: Im Sommer sitzt man direkt am Lungolago und kann das rege Treiben auf dem See und entlang der Strandpromenade beobachten. Wenn das schöne Wetter mal Pause macht, kann man sich auch im hübschen Innenraum des Caffé Italia wohlfühlen. Man sitzt zwischen witzigen Accessoires und Geschenkideen aus Küche und Keller, die man käuflich erwerben kann.

GETRÄNKE: Neben dem obligatorischen Spritz gibt es eine Vielzahl an Cocktails, Longdrinks oder auch nichtalkoholischen Getränken. Die Weinkarte bietet eine feine Auswahl und neben Prosecchi gibt es auch extrafeine Spumanti metodo classico aus der Franciacorta, dem Trentino sowie einen feinen Chiaretto nach Flaschengärmethode.

STUZZICCHINI: Zum Aperitivo bekommt man, wie es in Italien üblich ist, entweder ein Schälchen Oliven oder salziges Knabbergebäck. Man kann sich hier aber auch mit einem köstlichen Salat, süß oder pikant gefüllten Crêpes oder einer Schinken- beziehungsweise Käseauswahl stärken. Und nicht zuletzt gibt es Eisspezialiäten in vielen Variationen.

PREISE: Spritz 4,50 bis 5 €, Prosecco 3 bis 4 €, Spumante 4 bis 7 €, Cocktails 5 bis 8 €, kleine Gerichte 6 bis 15 €.

LAGE: Die Bar ist nicht zu übersehen, sie befindet sich am Beginn des Lungolago, wenn man von Lazise kommt.

PAPARAZZI

ADRESSE:
Paparazzi
Lounge Café
Via Monte Baldo
37017 LAZISE (VR)
Tel.: +39 0338 3 47 45 83

ÖFFNUNGSZEITEN:
17 bis 2 Uhr
im Sommer kein Ruhetag
von November bis März
am Montag geschlossen

AMBIENTE: Von 2002 bis 2009 befand sich die beliebte Bar direkt am Kreisverkehr in Lazise und war kaum zu übersehen. Nun hat der Betreiber Michele Jannibelli etwas abseits, aber dennoch zentral, ein paradiesisches Plätzchen entdeckt, wo man rund um ein Schwimmbad seinen Apertivo trinken kann. Zu späterer Stunde sorgt ein DJ für gute Stimmung: ob Tanzen oder Chillen – hier ist man richtig.

GETRÄNKE: Zur Aperitivo-Zeit zwischen 18 und 22 Uhr ist, wie derzeit überall am Lago, der Spritz am gefragtesten. Zu späterer Stunde ist dann Mojito der Renner in der stets gut besuchten Bar.

STUZZICHINI: Von 18 bis 22 Uhr kann man sich an der Bar feine kulinarische Kleinigkeiten holen – Nudelsalat, Focaccia, eingelegte Gemüse, Frittata … Das Angebot ist verlockend und es gibt täglich etwas Neues. Wer zu späterer Stunde essen möchte: Es gibt auch vorzügliche Sushi.

PREISE: Spritz 4,50 €, Champagner 9,50 €, Prosecco 4,50 €, Franciacorta 5 bis 6 € und Cocktails 6 bis 6,50 €, Wein 3,50 bis 4,50 € und Panini mit Mortadella, Caprese oder andere Snacks je 4,50 €.

LAGE: Wenn man von Lazise in Richtung Peschiera fährt, ist die Bar Paparazzi gut ausgeschildert. Etwa 500 Meter nach dem Kreisverkehr biegt eine kleine Straße auf der linken Seite ab. Es sind reichlich Parkplätze vorhanden.

VENETO ››› **7**

CAFFÈ BELL'ARRIVO

ADRESSE:
Caffè Bell'Arrivo
winebar · american bar
Piazzetta Benacense, 2
37019 PESCHIERA (VR)
Tel.: +39 330 7 65 06 18

ÖFFNUNGSZEITEN:
täglich von 7 bis 1 Uhr

AMBIENTE: Das Ambiente in der Bar ist cool und die Musik für diejenigen, die sich gerne unterhalten möchten, ziemlich laut. Vor dem Eingang unter Sonnenschirmen, oder noch besser, an den Tischchen seitlich entlang des smaragdgrünen Mincio kann man seinen Aperitivo bei angenehmer Beschallung genießen.

GETRÄNKE: Vom Frühstück über den „Frühschoppen", dem Caffé am Nachmittag, dem Aperitivo vor dem Cena und dem Degistivo nach dem Essen ist hier alles möglich. Viele verschiedene Champagner gibt es glasweise, natürlich auch Prosecchi oder vier verschiedene Spumanti aus der Franciacorta. Die Weine, die glasweise angeboten werden, kommen aus bekannten Kellereien und unterschiedlichen Regionen Italiens. Whiskey-Liebhaber werden bei der interessanten Auswahl hier garantiert fündig.

STUZZICHINI: An der Bar kann man sich Häppchen, wie Focaccia, Oliven und einiges mehr, zum Aperitivo holen. Für den kleinen Hunger gibt es gefüllte Ciabatta, Caprese, Piadina oder Spaghetti mit Tomaten.

PREISE: Spritz 3,50 bis 4 €, Champagner 5,50 bis 15 €, Prosecchi 4 €, Longdrinks 6 bis 7 €, Weine 4 bis 6 €, kleine Gerichte ab 4,50 €.

LAGE: Wenn Sie die Brücke überqueren, die ins Centro von Peschiera führt, liegt die Bar direkt am Mincio auf der linken Seite.

TIFFANY CAFFÈ

ADRESSE:
Tiffany Caffé
Via S. Leone, 2c
37067 SALIONZE /
VALEGGIO S. MINCIO (VR)
Tel.: +39 045 7 94 55 03

ÖFFNUNGSZEITEN:
Sonntagnachmittag und Montag
von 7 bis 13.30 Uhr und
15.30 bis 20 Uhr

AMBIENTE: Wer von Peschiera nach Valeggio fährt, kommt unweigerlich durch das Dörfchen Salionze, mit der wohl verrücktesten Ortsdurchfahrt. Bei der ersten scharfen Rechtskurve liegt, ein wenig ums Eck, aber groß ausgeschildert, diese neue Bar. 2009 hat sich Marta, die vorher in verschiedenen Restaurants gearbeitet hat, ihren Traum von einer eigenen Bar erfüllt. Und dass ihr diese Arbeit Spaß macht, spürt man. Sie kümmert sich rührend um ihre Gäste, vorwiegend Einheimische, aber immer mehr auch Touristen, die den nahe liegenden Aquapark oder auch Valeggio besuchen.

GETRÄNKE: Zur Frühstückszeit ist die Bar gut besucht, denn neben einem feinen Caffè oder Cappuccino gibt es gute Cornetti und hausgemachte Kuchen. Natürlich dürfen Spritz und Campari nicht fehlen, aber auch Weine aus den nahe liegenden Gebieten Custoza und Lugana sowie diverse Spumanti stehen zur Wahl.

STUZZICCHINI: Am späten Nachmittag füllt sich die Bar zum Aperitivo und Marta reicht köstliche Pizzahäppchen, Brötchen mit Schinken, Oliven und vielerlei Knabbereien.

PREISE: Spritz 2,50 bis 3 €, Caffè 0,90 €, Weine 2 bis 3 €, Grappe 2,50 €, Cocktail 3,50 bis 4 €.

LAGE: An der Straße durch Salionze ist das Schild nicht zu übersehen.

18 VIA ROMA CAFFÈ

ADRESSE:
18 via roma caffè
Via Roma, 18
37067 VALEGGIO SUL
MINCIO (VR)
Tel.: +39 045 7 95 17 34

ÖFFNUNGSZEITEN:
7.30 bis 13.30 und 16 bis 21 Uhr
Dienstagnachmittag und Mittwoch
geschlossen
Betriebsferien: ab 15. August 2 Wochen

AMBIENTE: Die modern gestylte Bar vis-à-vis der Kirche ist ein beliebter Treffpunkt nicht nur sonntags nach der Hl. Messe, sondern vor allem zur Aperitivo-Zeit. Hier treffen sich die Einheimischen nach der Arbeit zu einem kleinen Plausch mit Freunden. Wer, wie ich, die köstlichen Tortellini bei Pastificcio Remelli kauft, der ist froh, gleich gegenüber diese sympathische Bar zu wissen, in der Spumante, Champagner und hervorragender Caffè stets perfetto serviert werden.

GETRÄNKE: Sechs bis zehn verschiedene Champagner, Spumante metodo classico und Prosecchi warten im großen, mit Eiswürfeln bestückten Kühler darauf getrunken zu werden. Und das werden sie auch, denn die Bar ist stark frequentiert. Hier bestellt man überwiegend Bollicine und Wein, immer mehr auch Spritz, aber weniger Cocktails.

STUZZICHINI: Ab 17 Uhr stehen auf der langen, schicken Bar nicht nur die – leider – sehr guten Patatine (Kartoffelchips) bereit, sondern auch viele andere Knabbereien, Oliven und kleine, immer wieder anders belegte Brötchen.

PREISE: Spritz 3,50 €, Prosecco 3 bis 4 €, Franciacorta 4 bis 6 €, Champagner 7 bis 9 €, Weine 2,50 bis 3,50 €, Caffè 1 €, Flaschenweine 12 bis 22 €.

LAGE: Die Bar liegt gegenüber der Kirche von Valeggio. Parkplätze gibt es entlang der hier beginnenden Fußgängerzone.

OSTERIA DELLA FOLLIA

ADRESSE:
Osteria della Follia
Corso Vitt. Emanuele, 58
37069 VILLAFRANCA (VR)
Tel.: +39 045 7 90 31 46
www.osteriadellafollia.eu

ÖFFNUNGSZEITEN:
7 bis 24 Uhr
Sonntag geschlossen

AMBIENTE: Vor einigen Jahren eröffnete der charmante Stefano Benassunti am hübschen Stadtplatz von Villafranca seine Bar, und seither ist sie von morgens bis abends sehr gut besucht. Man sitzt oder steht, vor allem zur Aperitivo-Zeit, dicht gedrängt zwischen Wein- und Champagnerkisten. Holzbalken an der Decke und mit Bildern und Holzdeckeln von Weinkisten geschmückte Wände sorgen für eine gemütliche Atmosphäre. Der Service ist herzlich trotz Chaos. Durch einen Gang voller Weinkisten gelangt man in ein nobles Speisezimmer mit 40 Plätzen.

GETRÄNKE: Auch hier in Villafranca hat die Spritz-Mode längst Einzug gehalten. Stammgäste ziehen es aber vor, Franciacorta oder Champagner zu trinken, wissen sie doch, dass Stefano ein Bollicine-Kenner ist.

STUZZICHINI: Was in der Osteria zwischen 18.30 und 21 Uhr an Stuzzichini aufgebaut wird, ist sensationell! Köstliche Schinken von kleinen Produzenten, Salami, Oliven, Salate und je nachdem auch Risotto oder Pasta. Man ordert einen Drink und bedient sich an der Bar – die kulinarischen Köstlichkeiten sind eingeschlossen.

PREISE: Spritz 4 bis 4,50 €, Champagner 8 bis 9 €, Franciacorta 5 bis 7 € und die Weine gibt es glasweise von 3 € bis …

LAGE: Die Osteria liegt auf der rechten Seite, am Anfang des langgezogenen Stadtplatzes von Villafranca, wenn man in Richtung Castello geht.

VENETO ››› **11**

AQUILA NERA CAFÉ

ADRESSE:
Aquila Nera Café
Galleria Pellicciai, 2
37121 VERONA (VR)
Tel.: +39 045 8 01 01 72
www.aquilaneraverona.com
info@aquilaneraverona.com

ÖFFNUNGSZEITEN:
täglich 8 bis 22 Uhr

AMBIENTE: Nahe der Piazza delle Erbe liegt diese charmante Bar. Anfang des 19. Jahrhunderts gehörten die Räume zu einem Luxushotel. Das Interieur mit umlaufendem Tresen, Säulen und bequemen Ledersesseln erinnert auch heute noch daran. Ein absolut warmes, wohliges Ambiente, wo sich Jung und Alt wohlfühlen, nicht zuletzt auch, weil der Besitzer und seine Mannschaft sehr herzlich sind.

GETRÄNKE: Freundliche Barkeeper mixen köstliche, erfrischende Cocktails. Es gibt aber auch eine ansprechende Auswahl an Spumanti, Champagnern und Weinen aus dem Veneto. Und natürlich diverse Caffè-Variationen.

STUZZICHINI: Zur Aperitivo-Zeit stehen auf den Tresen kleine Bruschette, Oliven, Focaccia und Knabbereien, die Spritz, Campari und Co. gut begleiten. Mittags kommen gerne Veroneser, die in der Nähe arbeiten, um sich am großen Büfett mit Schinken, Salaten, Pasta und anderen kleinen Gerichten zu bedienen (15 €). Während der Festspiele kann man sich ab 18.30 Uhr ebenfalls vom Büfett verköstigen (20 €).

PREISE: Spritz 4 bis 4, 50 €, Longdrinks 6,50 bis 7,50 €, Prosecco 4 €, Weißwein ab 3 €, kleine Gerichte 5,50 bis 10 €.

LAGE: Etwa in der Mitte der Piazza delle Erbe geht man in die Via Pellicciai und dort sehen Sie bald die Galleria und die Bar.

CASA MAZZANTI

ADRESSE:
Casa Mazzanti · Caffè
Piazza delle Erbe, 32
37121 VERONA (VR)
Tel.: +39 045 8 00 32 17
info@casamazzanticaffe.it

ÖFFNUNGSZEITEN:
8 bis 2 Uhr
im Sommer kein Ruhetag,
ab Oktober bis Ostern
Dienstag geschlossen

AMBIENTE: Am Ende der Piazza delle Erbe übernahmen im August 2008 Pietro Villardi und seine Geschwister eine alte Bar in einem historischen Palazzo. Sie renovierten die Bar, die drei Jahre geschlossen war, modern und ansprechend. In den Räumen mit dem schönen Holzbalkengewölbe findet man auf der einen Seite eine lange Bar, im Raum daneben ein schickes Ristorante. Im ersten Stock kann man im Winter nicht nur die feinen Gerichte aus der Küche, sondern auch einen herrlichen Blick auf die Piazza genießen.

GETRÄNKE: Vom morgendlichen Caffè mit Cornetto, über den Aperitif am Mittag bis zum Cocktail oder Whiskey am Abend ist hier immer etwas los – abends begleitet von lauter Musik. Ruhiger ist es auf der Piazza vor der Bar, wo man das bunte Treiben beobachten kann. Am Tresen stehen Spumanti und Champagner im Eiskühler bereit.

STUZZICHINI: Zwischen 18 und 22 Uhr sind an der Bar Frittatestückchen, Tramezzini, Oliven, Patatine (Kartoffelchips) und mehr zur Begleitung des Drinks aufgebaut.

PREISE: Spritz 4,50 €, eine riesige Auswahl an Longdrinks und Cocktails ab 7 €, Caffè 2 €, Whiskey (15 verschiedene) 5 bis 10 €.

LAGE: Im vorletzten Palazzo, rechts am Ende der Piazza delle Erbe, sitzt man vor der Bar oder genießt drinnen im Stehen den Aperitivo.

VENETO >>> **13**

FILARMONICO CAFFÈ

ADRESSE:
Filarmonico Caffè
Corso Porta Nuova, 2
37122 VERONA (VR)
Tel.: +39 045 8 03 55 94
Fax: +39 045 8 03 55 96
stefanovaletti@interfree.it

ÖFFNUNGSZEITEN:
täglich von 7.15 bis 21 Uhr

AMBIENTE: Die Bar ist von Einheimischen stark frequentiert. Entlang der langen Bar treffen sich von morgens bis abends Geschäftsleute der näheren Umgebung, um je nach Uhrzeit, einen Caffè oder einen Aperitivo zu trinken. Ein echter Hingucker ist das Weinregal mit den quer hängenden Weinflaschen. Die Bar ist ideal, um sich vor und nach einem Verona-Bummel zu stärken oder um sich dort zu verabreden.

GETRÄNKE: Das Weinangebot ist vielfältig und anspruchsvoll, denn der Patrone Stefano Valetti ist Weinliebhaber. 38 Weine werden auch glasweise ausgeschenkt. Die Champagner- und Spumanteauswahl ist enorm, es gibt aber auch Cocktails, Longdrinks und Digestifs.

STUZZICHINI: Oliven, Patatine (Kartoffelchips) und kleine Häppchen sind obligatorisch; Freitagabend gibt es 1 Glas Champagner mit frischen Austern zu einem günstigen Preis. Mittags kann man sich hier vor oder nach dem Stadtbummel mit einem köstlichem Risotto, einem leckeren Pastagericht, frischem Tatar oder einem raffinierten Salat stärken.

PREISE: Spritz 4 €, große Auswahl an Cocktails von 5 bis 11 €, Spumante metodo classico und Champagner 5,50 bis 12 €, Prosecco 3 €, Wein 2,50 bis 6 €; mittags gibt es Pasta, Riso und mehr ab 9 €.

LAGE: Die Bar liegt unter der Porta Nuova, in Richtung Piazza Bra auf der linken Seite, direkt unter der großen Uhr.

VIAROMA 33

ADRESSE:
VIAROMA 33
Via Roma, 33
37121 VERONA (VR)
Tel.: +39 045 59 19 17
www.viaroma33cafe.it

ÖFFNUNGSZEITEN:
Bar von 7.30 bis 2 Uhr
Restaurant von 12 bis 15.30
und von 19 bis 24 Uhr
kein Ruhetag

AMBIENTE: So stelle ich mir eine schicke italienische Bar vor! Weißer langer Tresen, weiße Ledersessel und alle weiteren Details in Schwarz. Kein überflüssiger Schnickschnack, Grünpflanzen und die großen Fenster sorgen für ein offenes, freundliches Ambiente. Und genauso freundlich sind das Besitzerehepaar und alle, die sich um die Gäste kümmern.

GETRÄNKE: Als ich mir meinen Franciacorta bestellte, wurde das große Glas erst mal mit Eiswürfeln gekühlt, bevor der prickelnde Bellavista hineinkam. Natürlich gibt es Spritz – er ist seit diesem Jahr ein Muss, aber auch alle üblichen Before oder After Cocktails und, da der Chef drei Jahre in München gearbeitet hat, auch frisch gezapftes Paulaner Bier. Eine große Auswahl Rum und Whiskey erfreut Kenner.

STUZZICHINI: Zwischen 18 und 22 Uhr wird ein sehr ansprechendes Büfett aufgebaut, jeden Tag mit anderen leckeren Köstlichkeiten: von Pizza über Salate bis zu Früchten. Wer sich einen Drink bestellt und noch zusätzlich 7 € bezahlt, kann sich auch am stilvollen Büfett bedienen.

PREISE: Spritz 5 €, Prosecco 4 €, Champagner ab 10 €, Cocktails 6 bis 9 €, Grappe 3 bis 9 €, Whiskey und Rum 5 bis 11 €.

LAGE: Die stylische Bar liegt direkt vor dem Castelvecchio. Sie ist zugleich ein beliebtes Ristorante mit Mittags- und Abendservice. Die schönen Restauranträume befinden sich im 1. Stock und im Keller.

LOMBARDIA ⟩⟩⟩ **15**

BAR ITALIA

ADRESSE:
Bar Italia
Lungolago Zanardelli, 24
25087 SALÒ
Tel.: +39 0365 2 14 79

ÖFFNUNGSZEITEN:
täglich von 10 bis 1 Uhr
im Sommer kein Ruhetag

AMBIENTE: Entlang des langgezogenen Seeufers von Salò verweilt man gerne, zum Beispiel auf den Regiestühlen der Bar Italia sitzend, mit Blick auf den Lago und mit einem der köstlichen Cocktails. Drinnen ist die Bar ansprechend gestylt, so dass man sich wohlfühlen kann: modern und dennoch gemütlich.

GETRÄNKE: Natürlich gibt es auch Spritz oder besser gesagt Pirlo (so nennt man den Spritz in der Gegend von Salò und Brescia). Ich empfehle Ihnen aber einen der unglaublich erfrischenden Cocktails, mit oder ohne Alkohol, sie sind wirklich etwas ganz Besonderes. Neben einer großen Auswahl an Champagnern, Franciacorta und Prosecchi gibt es auch viele gute Weine glasweise sowie feine Spirituosen.

STUZZICHINI: Zu den Drinks werden in weißen Schälchen Oliven, eingelegte Peperoni und andere pikante Häppchen sowie natürlich knusprige Patatine (Kartoffelchips) gereicht. Man kann aber auch Kleinigkeiten essen, wie einen Toast, frische Salate, Caprese, Carne Salada oder einen verlockenden Käseteller (vom Affineur Enrico in Garvado).

PREISE: Spritz 4,50 €, Champagner 10 €, Champagner rosé 11 €, Cocktails 5 bis 10 €, Wein von unterschiedlich guten Produzenten ab 4 €. Die leckeren kleinen Gerichte kosten 5 bis 15 €.

LAGE: Die Bar liegt direkt am Lungolago von Salò.

LA LOCANDA DEL BENACO – CAFFÈ

ADRESSE:
La Locanda del Benaco Caffè
Lungolago Zanardelli, 44
25087 SALÒ
Tel.: +39 0365 2 03 08

ÖFFNUNGSZEITEN:
Dienstag
geöffnet von 11 bis 24 Uhr

AMBIENTE: Dem sympathischen Tausendsassa Gianni Briarava reichte es nicht, dass er bereits seit über 20 Jahren erfolgreich das Ristorante Alle Rose und die Osteria Orologio mit seinem Familienclan leitete. Er musste etwas Neues ausprobieren – ein Hotel. Und wie sollte es anders sein, ein Ristorante durfte auch da nicht fehlen und natürlich eine Bar. Das alles ist nun seit 2009 fertig und liegt direkt an der Strandpromenade in Salò. Die Räume des antiken Gebäudes, nebst Ristorante und Bar, sind topmodern gestylt. Vor dem Eingang sitzt man auf bequemen Korbstühlen und lässt sich von Gianni und seinem Team verwöhnen.

GETRÄNKE: Wer außerhalb der Essenszeiten hierher kommt, kann perfekte Cocktails, feinste Spumante, Champagner und Weine genießen. Selbstverständlich gibt es auch Pirlo, aber den bekommt man überall, im Gegensatz zu so gekonnt gemixten Cocktails.

STUZZICCHINI: Es gibt einen raffinierten Gruß aus der Küche und nur eine „piccola cucina", aber natürlich auch eine größere Speisekarte zu den üblichen Esssenszeiten.

PREISE: Pirlo 4 €, Cocktails 7 bis 8 €, Weine pro Flasche zwischen 18 und 34 € und auf Nachfrage immer einige auch glasweise.

LAGE: Die Bar liegt direkt am Lungolago, am Ende der Promenade in Richtung Gardone.

LOMBARDIA ››› 17

DARSENA

ADRESSE:
Darsena
25087 BARBARANO (BS)
Tel.: +39 0365 2 18 06
www.ladarsena.biz

ÖFFNUNGSZEITEN:
im Sommer täglich von 11.30 bis
1 Uhr; sonst Montag Ruhetag;
April, Okt., Nov., Dez. nur Abend-
service ab 18.30 Uhr
Betriebsferien: Januar bis März

AMBIENTE: Alleine die traumhafte Lage direkt am See unter wunderschönen alten, schattenspendenden Kastanienbäumen ist himmlisch. Dazu
kommt das Flair des antiken Hauses, in dem stilvoll Altes und Neues
vereint ist. Unter den Bäumen sitzt man lässig auf bequemen Rattan-
sesseln oder direkt auf Barhockern am Seeufer. Warmes Kerzenlicht am
Abend untermalt das romantische Ambiente. Direkt neben der Bar gibt
es eine Bootsanlegestelle.

GETRÄNKE: Je nach Tageszeit trinkt man Caffé, Wein, Champagner, Aperitif oder Digestif. Die Cocktails, mit oder ohne Alkohol, schmecken
nachmittags genauso köstlich wie nachts. Natürlich gibt es auch Pirlo,
wie der Spritz in der Lombardia genannt wird.

STUZZICHINI: Mittags und abends kann man hier auch gut speisen. Pasta,
Tatar, Salate, Fleisch- und Fischgerichte stehen auf der Karte. Zur Aperitivo-Zeit gibt es eine verlockende Tapaskarte und ein Büfett. Gleich
nebenan, aber im selben Haus, befindet sich eine sehr gute Sushi-Bar.

PREISE: Pirlo 4,50 €, Wein aus dem Weingut Provenza 3,50 bis 5,20 €,
Franciacorta 4 €, diverse Mojitos 5 €, Cocktails 4 bis 6 €, verschiedene
köstliche Tapas von 1,50 bis 10 €.

LAGE: Von Salò kommend biegen Sie in Barbarano rechts ab (ausgeschildert), nach wenigen Metern sehen Sie den großen Parkplatz vor der Bar.

Appetit bekommen auf den Gardasee?

Alle Informationen rund um Ihren Urlaub finden Sie unter:

gardasee.de

Sterne-Restaurants 2011 rund um den Gardasee

Hier finden Sie die Adressen der Sterne-Restaurants für 2011. Ob 2012 ein Koch seinen Stern verloren hat oder ein neuer Sternekoch hinzugekommen ist, kann ich Ihnen nicht verbindlich mitteilen, da die Kulinarischen Entdeckungen dieses Mal für zwei Jahre konzipiert sind. Wie dem auch sei, nachfolgende Adressen sind auf jeden Fall empfehlenswerte Top-Restaurants.

Unter www.gardasee.de finden Sie ab Dezember 2011 die aktuelle Liste der Sterne-Restaurants 2012 rund um den Gardasee.

3 MICHELIN-STERNE ★ ★ ★

 DAL PESCATORE
Loc. Runate 17 · 46013 Canneto Sull'Oglio (MN)
Tel: +39 037 67 23 001 · www.dalpescatore.com
Ruhetag: Montag, Dienstag und Mittwochmittag
Betriebsferien: 2. bis 23. Januar und 13. August bis 2. September
Menü: 112 bis 164 €

Nadia Santini ist nicht nur eine sehr sympathische Frau, sie kocht auch exzellent und das seit vielen Jahren. Seit einiger Zeit unterstützt sie ihr Sohn Giovanni, der ebenfalls eine klare italienische Küche liebt, ohne Firlefanz, aber immer mit allerbesten Ausgangsprodukten. Die absolute Spitze der italienischen Küche! Signor Antonio, Nadias Ehemann, betreut mit Charme und Können die von weither angereisten Gäste im eleganten Restaurant, das mitten in einem wunderschönen Park liegt. Oma Bruna hilft nach wie vor Tag für Tag in der Küche. Bereits 1982 erhielt Nadia den ersten Michelin-Stern, 1988 folgte der zweite und seit 1996 erkocht sie – nunmehr mit ihrem gut aussehenden Sohn – Jahr für Jahr drei Sterne.

2 MICHELIN-STERNE ★ ★

 PERBELLINI
Via Muselle 130 · 37050 Isola Rizza (VR)
Tel: +39 045 713 53 52 · www.perbellini.com

Ruhetag: Sonntagabend, Montag und Dienstag;
im Juli und August auch Sonntagmittag
Betriebsferien: 10 Tage im Februar, 3 Wochen im August
Mittagslunch: 65 €, außer am Samstag und an Feiertagen
Abendmenü: 102 bis 144 €

Nur wenige Kilometer von Verona entfernt liegt der Feinschmeckertempel des leidenschaftlichen Sternekochs Giancarlo Perbellini. Mögen das äußere des Genusstempels und die Lage nicht jedermanns Geschmack sein, sobald die ersten Piatti auf den Tisch kommen, ändert sich das schlagartig. Giancarlo kocht kreativ, aber doch sehr heimatverbunden. Umwerfend ist sein Risotto, belegt mit kleinen Würfeln von knusprigem Schweinebauch, den er am Spieß gebraten hat.

Und dann darf man sich die extra verführerischen Desserts keinesfalls entgehen lassen, allen voran die *Torta di millefoglie*, die wirklich einzigartig ist. Wen wundert es, stammt der herzliche Koch aus einer berühmten Konditorfamilie aus Bovolone, wo auch heute noch die Veroneser hinpilgern, um sich mit süßen Backwaren vom Allerfeinsten zu versorgen.

IL DESCO

Via Dietro San Sebastinao, 7 · 37121 Verona
Tel.: +39 045 59 53 58 · www.ildesco.com
Ruhetag: Sonntag und Montag; im Juli, August und Dezember Montagabend geöffnet
Betriebsferien: 25. Dezember bis 14. Januar und 2 Wochen in Juni
Menü: 60 bis 130 €

Elia Rizzo, seit vielen, vielen Jahren immer mit zwei Sternen gekrönt, kocht seit einigen Jahren gemeinsam mit seinem Sohn Matteo. Am Kochstil hat sich nicht so viel geändert – wie eh und je bekommt man hier kreative Gerichte, die jedoch immer im respektvollen Umgang mit der Tradition kreiert sind. Der Kochstil ist eher puristisch, stets mit großem Augenmerk auf allerbeste Ausgangsprodukte.

Das Restaurant befindet sich in einem Palazzo aus dem 14. Jahrhundert, mitten in der Altstadt von Verona. Die Speisezimmer sind elegant und auch hier spürt man die geschickte Hand für eine perfekte Mischung aus Tradition und Moderne.

1 MICHELIN-STERN IN TRENTINO ★

 RISTORANTE LOCANDA MARGON
Via Margon, 15 · 38040 Trento/Ravina (TN)
Tel.: +39 0461 34 94 01 · www.locandamargon.it
Ruhetag: Sonntagabend und Dienstag
Menü: 65 bis 85 €

 OSTERIA DUE SPADE
Via Don Rizzi, 11 - an der Ecke zur via Verdi · 38122 Trento (TN)
Tel: +39 0461 23 43 43 · www.leduespade.com
Ruhetag: Sonntag und Montagmittag
Betriebsferien: 16. bis 30. Juni
Menü: 46 bis 60 €

 SCRIGNO DEL DUOMO
Piazza Duomo, 29 · 38122 Trento (TN)
Tel.: +39 0461 22 00 30 · www.scrignodelduomo.com
Ruhetag: Montag; nur abends geöffnet von Oktober bis Mai, außer sonntags
Betriebsferien: 20 Tage im Januar und im August
Menü: 70 €

1 MICHELIN-STERN IN VENETO ★

TRATTORIA VECCHIA MALCESINE
Via Pisort, 6 · 37018 Malcesine (VR)
Tel.: +39 045 7 40 04 69 · www.vecchiamalcesine.com
Ruhetag: Mittwoch; nur abends geöffnet, außer an Sonn- und Feiertagen
Betriebsferien: im November und vom 20. Januar bis 10. März
Menü: 62 bis 80 €

CASA DEGLI SPIRITI
Via Monte Baldo, 28 · 37010 Costermano (VR) – (in Richtung San Zeno)
Tel.: +39 04556 20 07 66 · www.casadeglispiriti.it
Ruhetag: Montag bis Freitag von November bis Ostern; im Sommer keiner
Betriebsferien: im November und vom 20. Januar bis 10. März
Menü: 95 bis 135 €

115 **OSTERIA LA FONTANINA**
Portichetti Fontanelle Santo Stefano, 3 · 37129 Verona (VR)
Tel.: +39 045 91 33 05 · www.ristorantelafontanina.com
Ruhetag: Sonntag und Montagmittag
Betriebsferien: 2 Wochen im August
Menü: 50 bis 71 €

1 MICHELIN-STERN IN LOMBARDIA ★

116 **VILLA FELTRINELLI**
Via Rimembranze, 38/40 · 25084 Gargnano (BS)
Tel.: +39 0365 79 80 00 · www.villafeltrinelli.com
Ruhetag: keiner, nur abends geöffnet
Menü: 120 bis 180 €

117 **LA TORTUGA**
Via XXIV Maggio, 5 · 25084 Gargnano (BS)
Tel.: +39 0365 7 12 51 · latortuga@alice.it
Ruhetag: nur abends geöffnet, außer sonntags (September bis Juni)
Betriebsferien: vom 15. November bis 1. März
Menü: 60 bis 88 €

118 **VILLA FIORDALISO**
Corso Zanardelli, 150 · 25083 Gardone Riviera (BS)
Tel.: +39 0365 2 01 58 · www.villafiordaliso.it
Ruhetag: Montag und Dienstagmittag
Menü: 120 €

119 **TRATTORIA ARTIGLIERE**
Via del Santellone, 116 · 25132 Brescia (BS)
Tel.: +39 030 2 77 03 73 · www.artigliere.it
Ruhetag: Sonntagabend und Montag
Betriebsferien: 10 Tage im Januar und August
Menü: 43 bis 90 €

120 **DUE COLMBE**
Via Foresti, 13 · 25040 Corte Franca (BS)
Tel.: +39 0309 82 82 27 · www.duecolombe.com
Ruhetag: Montag
Betriebsferien: 1. bis 8. Januar und vom 8. bis 18. August
Menü: 80 €; mittags 30 € (außer an Sonn- und Feiertagen)

121 **CAPRICCIO**
Piazza San Bernardo, 6 · 25080 Manerba del Garda (BS)
Tel.: +39 0365 55 11 24 · www.ristorantecapriccio.it
Ruhetag: Dienstag
Betriebsferien: Januar und Februar
Menü: 69 bis 79 €

122 **ORTICA**
Via Capuzzi, 3 · 25081 Bedizzole (BS)
Tel.: +39 0306 87 18 63 · www.ristoranteortica.it
Ruhetag: Sonntagabend und Montag
Betriebsferien: 1. bis 7. Januar und 7. bis 20. August
Menü: 45 bis 60 €

123 **QUINTESSENZA**
Piazza San Martino, 3 · 25080 Moniga del Garda (BS)
Tel.: +39 0365 50 21 16 · www.ristoranteortica.it
Ruhetag: Donnerstag; im Juli und August auch Mittwoch- und Donnerstagmittag
Menü: 45 bis 60 €

124 **ESPLANADE**
Via Lario, 10 · 25015 Desenzano (BS)
Tel.: +39 030 9 14 33 61 · ristesplanade@yahoo.it
Ruhetag: Mittwoch
Betriebsferien: die Abende an Weihnachten, Silvester und Ostern
Menü: 75 bis 95 €

125 LA RUCOLA
Vicolo Strentelle, 7 · 25019 Sirmione (BS)
Tel.: +39 030 91 63 26 · www.ristorantelarucola.it
Ruhetag: Donnerstag und Freitagmittag
Betriebsferien: von 15. Dezember bis 1. Februar
Menü: 82 bis 109 €

126 OSTERIA DA PIETRO
Via Chiassi, 19 · 46043 Castiglione delle Stiviere (BS)
(15 Minuten von Desenzano entfernt)
Tel.: +39 0376 67 37 18 · www.osteriadapietro.eu
Ruhetag: Mittwoch, im Juni und August auch Dienstag
Betriebsferien: 2. bis 12. Januar und 19. Juni bis 1. Juli
Menü: 54 bis 73 €

127 GAMBERO
Via Roma, 11 · 25012 Calvisano (BS)
(zwischen Brescia und Mantova)
Tel.: +39 030 96 80 09
Ruhetag: Mittwoch
Betriebsferien: 10. bis 15. Januar und im August
Menü: 58 bis 79 €; mittags 40 € (außer Sonn- und Feiertage)

128 AQUILA NIGRA
Vicolo Bonacolsi, 4 · 46100 Mantova (MN)
Tel.: +39 0376 32 71 80 · www.aquilanigra.it
Ruhetag: Sonntag und Montag; im April, Mai, September und
Oktober auch Sonntagmittag geöffnet
Betriebsferien: 1 Woche im August
Menü: 70 bis 80 €

Das Hinterland des Gardasees – Eldorado für Weinliebhaber

*E*s gibt kaum eine Urlaubsregion mit einer derartigen Vielfalt unterschiedlichster Rebsorten wie das Gebiet rund um den Gardasee. Das Kennenlernen der verschiedenen Weine ist eine spannende und zugleich köstliche Ergänzung zum üblichen Urlaubsprogramm. Langweilig wird so eine vinophile Entdeckungsreise garantiert nie.

Nosiola und Marzemino: Fruchtige Weine, die Pasta und Co. perfekt begleiten

Fährt man von Trento in Richtung Gardasee mal nicht über die Autobahn, sondern über die kurvige Straße durch das romantische Valle dei Laghi, sieht man links und rechts der Straße die mit Nosiola-Reben bepflanzten Hügel. Nosiola-Weine sind angenehm frisch und haben einen zartnussigen Abgang. Diese Weißweine passen gut zu *Antipasti*, *Forellen* und *Strangolapreti* (Spinat-Gnocchi).

Lässt man die Trauben bis zum Osterfest auf luftigen Speichern vom Wind des Gardasees trocknen, kann man daraus einen delikaten Süßwein keltern, der viele Jahre in Holzfässern reift. Der Vino Santo ist der ideale Begleiter zu knusprigem Gebäck oder zu Edelpilzkäse.

Rund um das Städtchen Rovereto gedeiht ein fruchtbetonter Rotwein mit zartem Veilchenduft und feinen Bittermandelnoten. Der Marzemino, der wie der Nosiola jung getrunken wird, passt gut zu *Pasta mit Fleischragout* oder zu *Kaninchen* und hat einst schon Mozart so begeistert, dass er ihn in Don Giovanni besingen lässt.

Bardolino und Chiaretto:
Ob Rot oder Rosé – diese Weine machen gute Laune

Entlang des östlichen Seeufers erstreckt sich das Anbaugebiet Bardolino.
Der weinfreudige Urlauber kann entlang dieser „Strada del Vino di Bardolino", die bis nach Valeggio sul Mincio führt, 75 kleinere und größere Kellereien besuchen und vor Ort Weine kaufen. Bardolinoweine sind frische, lebendige Rotweine, die leicht gekühlt am besten schmecken. Wer es kräftiger und gehaltvoller mag, wählt einen Bardolino superiore.

Als Aperitif oder begleitend zum gegrillten *Lavarello* (Felchen) passt ein gut gekühlter, frisch-lebendiger Chiaretto, ein Roséwein, aus den gleichen Rebsorten wie der Bardolino gemacht. Immer häufiger gibt es den Chiaretto auch als Spumante – perfetto zur heiteren Urlaubsstimmung.

Weißweine aus dem Custoza:
Mehr als nur ein Sommerwein

Custozaweine sind Cuvées aus verschiedenen Rebsorten, wobei der Hauptanteil von der Garganega-Traube stammt. Je nach Winzer kommen dann entweder Cortese, Bianca Fernanda, Malvasia, Riesling, Pinot bianco oder Chardonnay hinzu. Die Mischung variiert von Kellerei zu Kellerei, aber bezeichnend für diese Weine sind der zarte Blütenduft und die faszinierende Fülle an Fruchtaromen. Bei einigen Custozas entdeckt man auch eine angenehme salzige Note.

Die quicklebendigen Weine sind die ideale Begleitung zu den leckeren *Tortellini di Valeggio* oder zu *Gemüse-Antipasti*. Sie erfreuen den Gaumen aber auch ohne Essen, denn es sind absolute Gute-Laune-Weine.

Jeder Winzer in dem lieblichen Hügelland ist aber auch bestrebt, Custoza superiore zu keltern. Diese Weine werden aus ausgewählten Trauben spezieller Lagen gekeltert und verfügen dadurch über eine bessere Struktur, mehr Tiefe und ein vielschichtigeres Aromenspiel.

Amarone:
die Königin der Weine aus dem Valpolicella

Lange Zeit waren sie in Vergessenheit geraten, die opulenten fruchtig-süßen Amarone-Powerweine aus dem Valpolicella und noch mehr die Valpolicellaweine, die Alltagsweine aus dem gleichnamigen Anbaugebiet. In den letzten Jahren aber stieg die Nachfrage nach den fruchtigen Weinen beachtlich. Beide Weine müssen laut Gesetz aus 80 Prozent Corvina-Trauben bestehen, dazu kommen die heimischen Rebsorten Rondinella, Molinara oder auch Cabernet und Merlot. Die Trauben für den Amarone werden bis in den Januar hinein in luftigen Räumen getrocknet, dann gepresst, anschließend reifen die Weine meist in großen Holzfässern. Seit 2010 ist der Amarone ein DOCG-Wein.

Die jungen Valpolicella-Weine aus frisch geernteten Trauben dagegen werden vorwiegend in Stahl ausgebaut. Um diese Rotweine gehaltvoller und strukturierter zu machen, mischt man die getrockneten gepressten Trauben unter den fertig vinifizierten Wein und vergärt ihn ein zweites Mal. Der so gewonnene Wein wird als „Ripasso" vermarket.

Luganawein:
2009 der gefragteste Weißwein am Gardasee

Die duftig eleganten Weißweine aus der Traube Trebbiano di Lugana gedeihen im Hinterland von Peschiera und Desenzano bis hinüber nach Salò. Das bedeutet, dass lediglich ein kleines Stückchen zum Veneto, das restliche Anbaugebiet bereits zur Lombardia gehört. Die Trebbiano-Traube hat hier den idealen Boden und das optimale Klima, was sich in fruchtigen Weinen mit ansprechender Mineralik widerspiegelt. Das Lugana-Gebiet erhielt als erste Weinbauregion Italiens 1967 den offiziellen DOC-Status. Die Weine harmonieren bestens mit den Gardaseefischen und sind daher in den Ristoranti rund um den See sehr gefragt.

Valtènesi: entdeckenswerte Rot- und Roséweine mit eigenständigem Charakter

Neuschöpfungen sind sie weiß Gott nicht, die Weine aus dem Valtènesi, dem Hinterland von Pozzolengo bis nach Salò. Die Winzer dort hoffen, dass ihre Weine bald unter „Valtènesi" vermarktet werden und nicht mehr unter „Garda DOC". Im Mittelpunkt des geschichtsträchtigen Weinbaus dort steht die rote Rebsorte Groppolo. Die daraus gekelterten Weine gewinnen zunehmend an Bedeutung, nicht zuletzt deshalb, weil der Traube in den letzten Jahren immer mehr Aufmerksamkeit und Pflege geschenkt wurde. Die Weine sind fruchtbetont mit würzig-aromatischen Noten und angenehmer Samtigkeit. Man serviert sie zu dem berühmten *Spiedo* (Fleischspieß) in der Lombardia oder auch zu *Wildgerichten* und würzigem *Käse*. Aus Groppello, Marzemino, Barbera und Sangiovese wird ein gut strukturierter Chiaretto vinifiziert, dessen Aromen an Waldfrüchte erinnern und der sich erheblich vom Chiaretto aus Bardolino unterscheidet. Köstlich sind beide!

Olivenöl vom Gardasee: unglaublich aromatisch, mild und von hochwertiger Qualität

Rund um den See, quer durch alle drei Regionen, gedeihen die knorrigen, widerstandsfähigen Olivenbäume mit den immergrünen, silbrig glänzenden Blättern und den kostbaren Früchten prächtig. Sie verleihen der Landschaft einen besonderen Charme und das aus den Früchten gewonnene Öl ist eine geschmackliche und gesundheitliche Bereicherung . Die Ölmühlen im Hinterland des Lago sind fast alle auf dem neuesten technischen Stand und pressen die Oliven auf schonende Weise bei niedrigsten Temperaturen. Das Olivenöl vom Gardasee ist mild und schmeckt je nach Olivensorte grasig-frisch oder fruchtig. Es eignet sich optimal, um die zarten Gardaseefische zu verfeinern.

Empfehlungen unserer Leserinnen und Leser

Tipp von unseren Lesern Werner und Beate Bußberg
Hotel Centrale

ADRESSE: *Piazza Goethe, 13 · 38069 TORBOLE SUL GARDA (TN)*
Tel.: +39 0464 50 52 34 · www.hotelcentraletorbole.it

Zentral in der Stadtmitte von Torbole, direkt gegenüber des Goethehauses, befindet sich das Hotel Restaurant Centrale. Abends ist es hier immer rummelig (man muss auf einen Tisch draußen eigentlich immer warten, zum Beispiel mit einem Aperitif am Goethebrunnen). Dafür bekommt man dann aber leckere Pizzen und Pastagerichte, schmackhafte Secondi, wie Kalbskotelett, Lammkotelett, Tagliata, Entenbrust, Kaninchen. Auch die Antipasti sind hervorragend, etwa der Polposalat, die gemischte Meeresplatte oder Bruschette. Zudem erfreulich: die freundliche und flotte Bedienung.

Und noch ein Tipp für preiswertes und gutes Essen: Das „La Roche" in Brenzone, direkt am Hafen! Parken problematisch, aber man hat eine schöne Aussicht, bekommt gute Pasta, köstlichen, frischen Fisch und ganz leckere Spaghetti scoglio.

Tipp von unserem Leser Peter Gabler
Scrigno del Duomo

ADRESSE: *Piazza Duomo · 38100 TRENTO (TN)*
Tel.: +39 0461 22 00 30

Ich mag Trento, vielleicht gerade deshalb, weil die Stadt von so vielen links liegen gelassen wird. Die Altstadt hat sich in den letzten Jahren so richtig rausgeputzt, und weil wir Bayern es so gewohnt sind, freuen wir uns, wenn gleich neben der Kirche beziehungsweise dem Dom das Wirtshaus ist. In Trento ist das natürlich eine Mischung aus Weinbar und Trattoria und heißt sinnlicherweise „Scrigno del duomo" (Schatzkästchen des Doms). Für einen Weinliebhaber ist es tatsächlich ein Schatzkästchen, denn an die 1000 Etiketten hat man zur Auswahl.

Mir gefällt aber auch das stilvoll renovierte Haus, bei dem die historischen Wurzeln aus dem 16. Jahrhundert einfühlsam bewahrt worden sind. Während man im Keller (den sollten Sie sich unbedingt ansehen!) eine sternegekrönte Küche genießen kann, serviert man oben und vor dem Palazzo

eine regionale Küche, zubereitet aus heimischen Produkten. Köstlich sind ganz besonders auch die zahlreichen diversen Brotsorten und die verschiedenen Salumi und Formaggi. Und ob Gulasch, Strangolapreti, hausgemachte Pasta mit Pilzen oder feines Kaninchen – stets kann man glasweise den passenden Wein dazu wählen.

Wer nicht mehr mit dem Auto fahren muss, kann sich, wie ich es gerne mache, zum Abschluss noch den klassischen Trentiner Strudel mit einem Glas Vino Santo aus dem Valle dei Laghi (das Tal, durch das man direkt zum Lago kommt) genehmigen oder natürlich eine feine Grappa.

Tipp von unserer Leserin Angelika Burkei

Ristorante Giuly

ADRESSE: *via XX settembre, 34 · 37010 BRENZONE (VR)*
Tel.: +39 0457 42 04 77

Glückwunsch zu Ihrem gelungenen Buch „Kulinarische Entdeckungen am Gardasee 2010". Mein Mann und ich fahren seit fünf Jahren jedes Jahr zwei bis drei Wochen an den Gardasee (Malcesine), der Lago lässt uns nicht mehr los.

Wir haben auch etliche kulinarische Entdeckungen gemacht, die wir gerne verraten, unter anderem das Ristorante Giuly in Brenzone. Hier waren wir schon einige Male und haben immer sehr gut gegessen. Empfehlen können wir die hausgemachten Nudeln, aber auch die Fischgerichte sind köstlich – ich liebe den Seeteufel.

Das Lokal ist auch bei Einheimischen sehr beliebt. Guter Service.

Gerne gehen wir auch ins „San Michele". Es ist ein einfaches Lokal in den Bergen von Malcesine mit Blick auf den See. Es geht am Hotel Ideal ab, auf der Strada Panoramica immer hoch Richtung Talstation. Spezialität ist Kaninchen (aus eigener Zucht). Leider keine Geheimadresse mehr.

Anmerkung von Monika Kellermann:
Ins Giuly wollte ich schon immer mal, da ich des Öfteren Gutes darüber gehört habe. An einem Samstagmittag im September schafften wir es endlich. Wir bestellten drei verschiedene Vorspeisen, die alle gut waren. Bei

den Secondi wurde es problematisch. Mein Seeteufel war zwar nicht so zart, wie er sein sollte, aber das kann passieren. Branzino con porcini klang spannend und deshalb bestellte es mein Begleiter. Die armen Branzinofilets

wurden jedoch nur von ein paar kläglichen Steinpilzscheiben begleitet und waren dafür mit diversen anderen, sehr unterschiedlich aromatischen Ingredienzien bedeckt. Wir reklamierten unverzüglich, worauf man den Teller kommentarlos zurücknahm. Als wir stattdessen etwas anderes bestellen wollten, erklärte man uns lapidar: Die Küche ist geschlossen. An einem Samstag um 14.10 Uhr! Der Fisch stand dennoch auf der Rechnung und wurde nur nach einem Gespräch mit dem Besitzer erlassen. Schlimmer als das eigenwillige, vorab nicht erklärte Gericht war für mich, wie man mit einer klaren definierten Reklamation umging.

Fazit: So etwas passiert leider immer wieder mal, auch in von mir getestetem Restaurants. Man steckt nicht drin! Deshalb freue ich mich, wenn Sie mir Ihre Erfahrungen, auch die negativen, mitteilen. Gemeinsam gegen Unfreundlichkeit und Unprofessionalität!

Tipp von unseren Lesern Rosi und Christian Westphal

Hotel Restaurant Panorama

ADRESSE: *Via San Zeno, 9 · 37010 ALBISANO (VR)*
Tel.: +39 045 7 22 51 02 · www.panoramahotel.net

Wir wohnen zwischen Hamburg und Kiel und haben seit drei Jahren in Bardolino eine Wohnung gemietet, um ab und zu unsere Sehnsucht nach der Gardaseeregion zu stillen. Dabei hat uns das Reisen nach den Vorschlägen aus Ihrem Buch schon viele schöne Begegnungen beschert.

Weil Sie Ihre Leser ermuntern, eigene Erfahrungen vorzustellen, tun wir das hiermit: In Albisano gibt es das Hotel-Restaurant Panorama. Von der riesigen Terrasse aus hat man bei schönem Wetter einen traumhaften Blick auf Torri del Benaco, den herrlichen See und auf das gegenüberliegende Westufer von Saló bis Tignale. Es gibt gute Hausmannskost und der Service des familiär geführten Hauses ist herzlich. Das A und O ist jedoch der Ausblick. Besonders die prächtigen Sonnenuntergänge sind unvergessliche Erlebnisse!

Von Torri del Benaco kommend fahren Sie über den kleinen Dorfplatz von Albisano, an der Kirche vorbei (auch ein herrliche Ausblick), dann sehen Sie nach etwa 50 Metern das Hotel mit Restaurant auf der linken Seite.

Tipp von unserer Leserin Gundula Dietrich

Osteria del 4

ADRESSE: *Lungolago Vittorio Veneto, 4 · 37010 TORRI DEL BENACO (VR)*
Tel.: +39 045 6 29 64 32

Beim Bummel entlang des Lungolago habe ich diese Osteria entdeckt, die es, wie ich erfuhr, noch nicht lange gibt. Mir hat es gefallen, so nahe am See zu essen und erwartete auch nicht allzuviel von der Küche. Ich wurde aber

eines Besseren belehrt. Die Gerichte waren liebevoll zubereitet und angerichtet. Köstlich nicht nur die Vorspeise, sondern auch die Pasta – fatta a casa – mit frischen Pfifferlingen. Der Lavarello war zwar ein wenig zu lange auf dem Feuer, aber das habe ich schon öfters in den Lokalen am See erlebt. Schade! Jedoch machte der sympathische Service des jungen Teams alles wieder wett. Übrigens kommt daher auch der Name Osteria del 4: Es sind vier junge, gastronomiebegeisterte Frauen und Männer, die beschlossen haben, mit traditioneller Küche und herzlichem Service die Gäste zu verwöhnen.

Ab Oktober kann man direkt bei der Osteria parken kann, da es dann erlaubt ist, die Zugangsstraße über den Vicolo San Filippo zu benutzen. Im Sommer benutzt man den großen Parkplatz am Ortseingang (von Garda kommend) und spaziert dann den Lungolago entlang bis fast zum Ende.

Tipp von unserer Leserin Carola Skarabela

Trattoria La Cross

ADRESSE: *Via della pace, 4 · 37016 GARDA (VR)*
Tel.: +39 045 7 25 57 95

Das La Cross ist eine typische veronesische Gaststätte in Garda. Ich gehe sehr gerne dort hin, nicht nur weil das Lokal der Sponsor meines alten Radvereins ist und somit dort unser Stammtisch stattfindet. Hier ist immer was los und man fühlt sich sofort wohl! Andrea, einer der beiden Brüder, die das Lokal führen, begrüßt jeden Gast sehr herzlich. Man spürt sofort, dass man willkommen ist und es den Brüdern Spaß macht, ihre Gäste zu bewirten. Im Sommer ist der große Garten stets ausgebucht, aber auch drinnen sitzt man ganz hübsch.

Als erstes bekommt man einen Apertivo in die Hand gedrückt und als Abschluss stellen die beiden immer einige Flaschen Grappe und Aquavite zur Auswahl auf den Tisch. Dazu gibt es diverse Biscotti.

Die Stimmung ist stets locker und fröhlich, das Essen schmackhaft und die Portionen sind ordentlich. Letzteres ist für uns Radfahrer nicht ganz unwichtig, ebenso wie das Preis-Leistungs-Verhältnis, das nach meiner Ansicht perfetto ist. Parkprobleme hat man normalerweise keine, da es einen großen Parkplatz direkt neben dem Eingang gibt. Obwohl schon viele Urlauber das La Cross entdeckt haben, trifft man hier auch viele Einheimische, und genau der Gäste-Mix macht das Lokal so überaus sympathisch. Reservieren Sie unbedingt vorher einen Platz.

Tipp von unseren Lesern Claudia und Charly Völkl

Ristorante Al Graspo

ADRESSE: *Piazzetta Calderini, 12 · 37016 GARDA (VR)*
Tel.: +39 045 7 25 60 46 · www.graspo.it

Obwohl wir normalerweise eher ruhige Trattorien im Hinterland bevorzugen, einmal in unserem jährlichen Gardaseeurlaub muss es das Al Graspo sein. Der Trubel, das Warten auf einen der begehrten Tische und dann Luca, der Tag für Tag seine Show abzieht und erklärt, dass er die Speisekarte ist – das gehört bei uns einfach dazu, wie die Spaziergänge entlang des Sees oder der Besuch in Valeggio sul Mincio. Übrigens, Luca ist nicht nur die Speisekarte, er ist auch die Weinkarte …

Das stets volle, um nicht zu sagen übervolle Ristorante mit seinem Lärmpegel hat so was typisch Südländisches. Und auch wenn die frischen Meeresfrüchte und fangfrischen Fische vielleicht doch schon im Tiefkühler geschlummert haben, die Gerichte schmecken nicht nur mir und meiner Frau, sondern auch unseren Kindern, die das Spektakel in diesem Ristorante besonders lieben.

Das Al Graspo ist kein Restaurnt für einen romantischen Abend zu zweit, dorthin geht man, um leckeren Fisch und Krustentiere zu essen und das zu einem vernünftigen Preis. Anschließend geht's dann ab – entweder in eine Bar am Lungolago, um einen Digestif zu trinken, oder man stürzt sich gut gestärkt ins wilde Nachtleben am Lago.

Tipp von unseren Lesern Ella und Bert Wilden

La Taverna del Borgo

ADRESSE: *Via Stazione, 5 · 37010 CALMASINO (VR)*
Tel.: +39 045 7 23 67 69 · www.tavernadelborgo.net

Seit Februar 2010 ist das schmucke Gasthaus im Herzen des kleinen, typisch italienischen Dorfes Calmasino unter neuer Führung und wir haben es, da wir in Nähe wohnen, natürlich gleich getestet. Im Sommer sitzt man auf der Terrasse in einem sehr schönen Innenhof. Obwohl die Terrasse nicht weit von der Durchgangsstraße entfernt ist, wo man auch parken kann, stört diese kaum. Es ist kein Touristenristorante, hier ist alles noch echt italienisch, so wie das ganze Dorf. Sollte es mal regnen, fühlt man sich auch im Innern durchaus wohl, denn das naturbelassene Steingewölbe und die schlichten dunklen Holzstühle vermitteln eine angenehme Atmosphäre.

Wir haben beim ersten Mal den Vorspeisenteller bestellt und als Secondo Rinderfilet mit Pfeffersauce. Damals wussten wir nicht, dass die Vorspeise aus diversen, nach und nach servierten kleinen Tellern besteht, die gut gefüllt sind und auch gut munden. Das Rinderfilet war auf den Punkt gegart und mit einer leckeren Pfeffersauce, wie man sie am See normalerweise nicht bekommt, da Fleischgerichte hierzulande meist ziemlich puristisch sind. So dann und wann, vor allem wenn man wie wir den Sommer am Lago verbringen, freut man sich schon mal über eine cremige, würzige Sahnesauce.

Bei unserem nächsten Besuch haben wir dann eine Vorspeise zu zweit bestellt und so konnten wir auch den Hauptgang schaffen. Die Preise sind für die Qualität echt zivil. Die Weinkarte ist zwar klein, aber man findet ordentliche Weine, vor allem aus dem Valpolicella. Wir hoffen sehr, dass das 2011 so bleiben wird …

Tipp von unserer Leserin Helga Ferg
Agriturismo Trattoria Il Pigno

ADRESSE: *Via Pigno · 37010 AFFI (VR)*
Tel.: +39 045 6 26 07 45 · www.ilpigno.de

Fährt man von Affi in Richtung Caprino, kann man das Hinweisschild auf der rechten Seite zum Agriturismo Il Pigno kaum übersehen. Nur wenige hundert Meter von der Hauptstraße entfernt liegt linker Hand der liebevoll restaurierte Agriturismo mit der dazuhörenden Trattoria. Signora Katharina, die Besitzerin, ist eine Münchnerin, die mit ganz viel Leidenschaft kocht, unterstützt vom Chefkoch Francesco. Ihre reizende Tochter Laura kümmert sich charmant und kompetent um den Service. Die Gäste sind, vor allem in der Saison, vorwiegend aus Deutschland, besser gesagt aus Bayern. Im Il Pigno wird Deutsch gesprochen, was auch ganz angenehm ist, wenn man der italienischen Sprache nicht mächtig ist. Aber alles andere ist sehr italienisch, seien es die schmackhaften Pastagerichte, die zarten Gnocchi und die dazu passenden aromatischen Saucen.

Ungestört vom Touristenrummel kann man bei schönem Wetter die gute Küche und die Weine der Region auf der Terrasse genießen, es ist aber auch drinnen sehr gemütlich.

Tipp von unserer Leserin Anja Riedl

Trattoria Al Frantoio

ADRESSE: *Via Canal, 141 · 37013 PESINA (VR)*
Tel.: +39 045 7 24 22 74 · www.lacortedeilimoni.it

Als begeisterte Leserin Ihrer Gardaseeführer möchte ich Sie heute auf ein
sehr schönes Ristorante aufmerksam machen, das ich letztes Jahr entdeckt
habe. Ich war Ende Mai/Anfang Juni in Pesina, in der La Corte dei Limoni
und habe dort mit einer Freundin sehr schöne und erholsame Tage verbracht (www.lacortedeilimoni.it). Die direkt nebenan liegende Trattoria Il
Frantoio kann ich nur empfehlen. Die Gewölberäume sind heimelig und
auf der wunderschönen Terrasse sitzt man
unter einem faszinierenden alten Baum.
Besonders zu empfehlen ist das Antipasti-
Buffet (für einen Teller bezahlt man 10 €).
Ansonsten gibt es eine kleine ansprechende
Karte, z. B. Pastagerichte ab 6 € – für die
Qualität ein Superpreis. Im vorderen Bereich
gibt es auch Pizzen, die nach Auskunft der
Einheimischen sehr gut sein sollen. Wir
haben allerdings immer das Ristorante und
die schöne Terrasse gewählt.
Das Ristorante befindet sich hinter dem Orts-
ausgang von Pesina in Richtung Caprino
(Hinweisschild an der Straße). Die Ferienap-

partements kann ich ebenfalls sehr empfehlen, insbesondere das Apparte-
ment im Erdgeschoss auf der Vorderseite. Sehr geschmackvoll renoviert
und eingerichtet, großzügig und absolut ruhig gelegen.

Tipp von unserer Leserin Angelika Marth

Ostaria del Bugiardo

ADRESSE: *Corso Portono Borsari, 17 · 37121 VERONA (VR)*
Tel.: +39 045 59 18 69

Ich war etwas überrascht, als ich auf dem Schild Ostaria las und nicht, wie
ich es kenne, Osteria. Doch meine Veroneser Freunde erklärten mir, das sei
der hiesige Dialekt. Wie dem auch sei, wenn ich in Verona bin, und meist
bin ich zur Festspielzeit dort, mache ich gerne eine genussvolle Pause in
der Ostaria del Bugiardo. Ich genieße es, hier ein Glas Wein oder ein Gläschen prickelnden Franciacorta zu trinken und dazu, selbst am Nachtmittag,
wenn so gut wie alle Ristorante der Stadt geschlossen haben, mich mit
wohlschmeckenden Kleinigkeiten zu stärken. Zur Mittagszeit ist die kleine,
schnuckelige Weinbar brechend voll, da die Einheimischen gerne ihre Mit-

tagspause hier verbringen. Es gibt eine kleine, stets der Jahreszeit angepasste Karte mit warmen Gerichten, wie zum Beispiel verschiedene Pasta oder manchmal auch Kutteln, die gut schmecken.

Im Hochsommer genieße ich, dank Klimaanlage, die angenehme Kühle in den Räumen, denn die Stadt ist zu dieser Jahreszeit unglaublich aufgeheizt. Nach so einer angenehmen Kühlung – von innen und von außen – macht das Shoppen noch mehr Spaß! Denn das ist ein weiterer Vorteil der Ostaria: Sie liegt nur wenige Meter von der beliebten und interessanten Einkaufsmeile Veronas entfernt.

Tipp von unserem Leser Thilo Weimar

Trattoria Al Taolon

ADRESSE: *Via XX settembre, 49*
38122 CAVALCASELLE DI CASTELNUOVO (VR)
Tel.: +39 045 6 40 16 49 · www.altaolon.com

Etwas abseits des Touristenrummels, aber unweit der Superstrada zwischen Affi und Peschiera, liegt diese sehr nette und entdeckenswerte Trattoria. Der Name Taolon heißt im Dialekt Tisch – und der ist in der schlichten, aber sehr heimeligen Trattoria immer mit köstlicher Hausmannskost gedeckt. Die Geschicke der Gaststätte liegen in den Händen des jungen Paares Diego und Chiara. Während Diego am Tisch die Speisekarte vorträgt und voll Stolz erklärt, was seine Frau in der Küche für uns zubereiten kann, wirbelt sie in der Küche und bereitet die von uns gewünschten Primi und Secondi zu. Vorab aber, damit das Warten kulinarisch untermalt wird, kommt erst mal eine typische Vorspeisenplatte auf den Tisch, bestehend aus Soppressa, Salami, Schinken und aromatischen Käsesorten aus der Region. Und regional ist alles, was hier auf den Tisch kommt – eine einfache, aber ehrliche veronesische Küche, immer der Jahreszeit angepasst.

Besonders gut schmeckt mir die hausgemachte Pasta mit Kalbs- oder Kaninchenragout. Die Spezialität im Taolon ist aber sicherlich das langsam in Rotwein geschmorte Rindfleisch, serviert mit einer herzhaften Polenta.

Mein Tipp: Aufpassen beim Bestellen, denn wir langen oft bei den Vorspeisen so begeistert zu, dass wir später feststellen müssen, dass die Augen wieder mal größer waren als der Bauch. Und bei den köstlichen Secondi beginnen wir dann zu schwächeln. Da helfen dann nur noch die guten Rotweine aus Bardolino oder dem Valpolicella und eine Grappa. Die Weinkarte ist klein, aber gut zusammengestellt.

Ristorante Locanda Ai Capitani

ADRESSE: *Via Don Lenotti · 37019 PESCHIERA DEL GARDA (VR)*
Tel.: +39 045 6 40 01 62 · www.locandaaicapitani.it

Als wir in dem sehr geschmackvoll gestalteten Hotel Ai Capitani in der romantischen Altstadt von Peschiera übernachtet haben, machten wir natürlich einen Bummel durch die romantischen Gassen von Peschiera und gleich zwei Ecken weiter stießen wir auf das Ristorante Ai Capitani. Wie das Hotel ist auch das Ristorante ansprechend modern eingerichtet, ein wenig anders als die sonst üblichen Touristenlokale. Als wir dort waren, haben wir kein deutsches Wort von unseren Nachbartischen vernommen – und das im Juli!

Die Kellner sind aufmerksam, wenn auch die Weinberatung nicht gerade professionell und sehr einseitig war. Sehr schön ist es, dass einige Weine auch glasweise angeboten werden.

Die Karte ist klein, aber sehr ansprechend. Die Teller sind hübsch angerichtet und die Vorspeisen waren alle sehr schmackhaft. Ich habe zum Beispiel einen Salat aus Borlotti-Bohnen mit sehr zartem Tintenfisch und feinen Kräutern gegessen, der wirklich sehr lecker war. Die Lammkoteletts haben wir schon besser gegessen, der Seeteufel hingegen war wieder sehr gut. Alles in allem ein Platz, der uns gut gefallen hat, und im Sommer kann man sehr angenehm und ruhig draußen essen, ohne den in Peschiera sonst üblichen Touristenrummel.

Ristorante Villa Arcadio

ADRESSE: *Via Palazzina, 2 · 25087 SALÓ (BS)*
Tel.: +39 0365 4 22 81 · www.hotelvillaarcadio.it

In dem Vier-Sterne-Hotel zu übernachten ist etwas, das ich mir für die nächsten Jahre vorgenommen habe, denn die Lage dieses ausgesprochen geschmackvoll umgebauten ehemaligen Klosters ist gigantisch. Wir haben das dazugehörende Restaurant per Zufall entdeckt und können Ihnen nur empfehlen, dort mal zu speisen. Alleine die liebevoll und edel gedeckten Tische verlocken zum Verbleiben. Dann der gigantische Blick auf Salò, das war für uns schon alleine das Einkehren wert. Bei den Gerichten kann man wählen zwischen regionaler Küche und internationalen Spezialitäten. Wir haben beides genossen und waren vor allem auch von der Qualität der verwendeten Produkte sehr angetan. Die Weinkarte, nebst fachkundiger Beratung, hat uns auch überzeugt, so dass wir einen unvergesslichen Abend erleben konnten. Die Besitzerin des Hauses stammt aus Finnland, heißt übrigens ebenfalls Jana, und spricht sehr gut deutsch. Ihr Charme überträgt sich auch auf den Service, der uns wohltuend angenehm durch den Abend begleitete. Ein Platz zum Wohlfühlen und vielleicht auch für Sie, liebe Frau Kellermann, ein neuer, entdeckenswerter Tipp. Übrigens ist das Restaurant auch drinnen sehr ansprechend und mit viel Feingefühl gestaltet. Nur schade, dass wir keine Zeit mehr hatten, noch einige Tage im Hotel zu bleiben, alleine das Schwimmbad mit dem sensationellen Blick ist ein Offenbarung.

Tipp von unserem Leser Dr. Rainer Grosch

Agriturismo del Gusto

ADRESSE: *Loc. Lintri Monte Maderno · 25080 TOSCOLANO MADERNO (BS)*
Tel.: +39 0331 3 85 38 17

Wer im hintersten Winkel von Monte Maderno den Besitzer des kleinen Agriturismo del Gusto Fiorenzo Andreoli entdeckt hat, der kann sicher sein, dass er ausschließlich raffinierte Gerichte, garantiert aus unverfälschten Produkten aus eigener Herstellung aufgetischt bekommt. Im November, während der Olivenernte, presst er in der alten Olivenmühle zwei Sorten Olivenöl, das fruchtige Casaliva und das mildere Gargna.

Aber es ist nicht nur die überaus köstliche Olivenpaste, angereichert mit Kapern, oder die Tomatenpaste, natürlich aus reifen Tomaten, die Fiorenzo selbst in Sizilien erntet, die Gourmets hierherlockt. Es sind vor allem die selbst gezüchteten Flusskrebse aus dem nahe liegenden kleinen Bach, im wildromantischen Tal unterhalb seines Lokals. Bei Fiorenzo hat man die Wahl zwischen einem Fisch- oder Fleischmenü, das er ausschließlich nach Voranmeldung in seiner offenen Küche zubereitet.

Tipp von unserem Leser Dr. Rainer Grosch

Ristorante Zenner

ADRESSE: *Via Cervano, 35 · 25088 TOSCOLANO MADERNO (BS)*
Tel.: +39 0365 54 05 84

Ein ausgesprochen gutes Lokal in der Nähe von Gargnano ist das Ristorante Zenner. Es liegt auf dem Weg zum Golfplatz Bogliaco. Von hier hat man einen fantastischem Blick über die Olivenhaine auf den See. Osvaldo, der Besitzer, ist einer dieser urigen Typen, die sich der traditionellen lokalen Küche verschrieben haben. Hier speist man vorzüglich und das für etwa 30 € pro Menü. Der Wein wird extra berechnet. Besonders empfehlenswert ist die Kalbshaxe (nur auf Vorbestellung). Aber auch alles andere, was hier frisch zubereitet serviert wird, ist für mich Spitze.

Costaripa Brut Rosé hat mir vor allem wegen seiner Fruchtigkeit und Frische besonders gut gefallen. Ein perfekter Aperitivo auch für zu Hause!

VANTINI
Viticoltori dal 1908

PROBIEREN und genießen sie bei einer **WEINPROBE** die Produkte des traditionsreichen Hauses, spüren sie das Flair vergangener Zeiten und den Charme der Gastgeber in den **GEMÜTLICHEN** Räumlichkeiten.

IPP DER FRISCH PRICKELNDE WEISSWEIN CAPULETI

Wir stehen Ihnen für Auskünfte auch in deutscher Sprache zur Verfügung!

UNSERE VALPOLICELLA-WEINE
- Amarone Classico DOC
- Recioto della Valpolicella Classico
- Valpolicella Classico Superiore Ripasso "Le Cariole"
- Valpolicella Classico Superiore "Monte Cuco"

ÖFFNUNGSZEITEN: MONTAG BIS SAMSTAG
VON 9.00 – 18.00 UHR
VIA CÀ DELL'EBREO, 7 | 37029 S. PIETRO IN CARIANO (VR)
TEL. +39 045 770 137 4 | FAX +39 045 770 137 4
INFO@VINIVANTINI.IT | WWW.VINIVANTINI.IT

Kulinarischer Sprachführer

A

affumicato	geräuchert
agnello	Lamm
agrodolce	süßsauer
agrumi	Zitrusfrüchte
ai ferri	gegrillt
amarone	beeindruckender, vollmundiger, hochprozentiger Rotwein aus angetrockneten heimischen roten Trauben, allen voran Corvina
anatra	Ente
anguilla	Aal
arancia	Orange
anguria	Wassermelone
asino	Esel
astice	Hummer

B

baccalà	Stockfisch
bagoss	gereifter Hartkäse aus der Bagolino (Lombardei)
barbo	Süßwasserbarbe
bietola	Mangold
bigoli	handgefertigte dicke, spaghettiartige Nudeln aus Eiernudelteig
bistecca	Steak – dicke Fleischscheibe in der Pfanne oder auf dem Grill gegart
bollito misto	verschiedene gekochte Fleischstücke, häufig auf einem Wagen heiß dampfend mit gekochtem Gemüse und Mostarda serviert
borlotti	bräunliche, rot gestreifte Bohnenkerne; die besten kommen aus der Lamon, einem ursprunggeschützten Gebiet im Veneto
brace (alla brace)	vom Rost, von der Glut
braciola	Kotelett Fleischscheibe mit Knochen
branzino	Loup de mer, Wolfsbarsch
brasato	Schmorbraten
brindisi	kleiner Umtrunk, um gemeinsam etwas zu feiern
brodetto di pesce	Fischbrühe aus und mit verschiedenen Fischen als Einlage
burro	Butter

C

cacciagione	Wild
canederli	Knödel
capesante	Jakobsmuscheln
capra	Ziege
caprino	Ziegenkäse

capriolo	Reh
caffè (liscio)	normaler Espresso
caffè (corretto)	mit Grappa „korrigierter" Espresso
carciofo	Artischocke
carne salada	in Salz und Aromen eingelegtes Rindfleisch – wird entweder kalt, dünn aufgeschnitten als Antipasto oder gekocht mit Fagioli di Lamon gegessen
carpa	Karpfen
carpione	Gardasee-Forelle – sehr rar, sehr gut und teuer
cascina	Landgut
castagna	Esskastanien, Maroni
casunsei	gefüllte Pasta – Spezialität in der Lombardia
ceci	Kichererbsen
cedro	große Zitrusfrucht – die dicke Schale wird kandiert, zu Marmelade gekocht oder man bereitet einen Likör daraus zu
cervo	Hirsch
cetriolo	Gurke
chiaretto	typischer Roséwein rund um Bardolino und im Valtènesi
ciliegia	Kirsche
cinghiale	Wildschwein
coniglio	Kaninchen
coregone	Blaufelchen, auch *lavarello* genannt
cotechino	üppige Wurst aus Schweinefleisch und -schwarte, wird warm gegessen
cotogna	Quitte
crostacei	Krustentiere
crostata	flacher Mürbeteigkuchen mit Marmelade und Teiggitter
cumino	Kümmel
culatello	hochwertiger, knochenfreier roher Schinken aus der Emilia Romagna

D/E/F

dragoncello	Estragon
distillato	Schnaps, aus Früchten gebrannt
erbe aromatiche	Würzkräuter
erba cipollina	Schnittlauch
fagioli	Bohnen
faraona	Perlhuhn
farro	Dinkel
fegato	Leber
fichi	Feigen
fior di zucca	Zucchiniblüten
focaccia	Teigfladen
fragola	Erdbeere
frutti di bosco	Waldbeeren

G/I

galani	Fettgebackenes, typisch im Karneval
galletto	Stubenküken
genziana	Enzian
gnocchi	Nocken aus unterschiedlichem Teig, mal aus Kartoffeln, mal aus Brot und Spinat
groppello	heimische Rotweinrebsorte, die vor allem im Valtènesi angebaut und vinifiziert wird
impanato	paniert
involtini	Rouladen

L

lacustre	typische Gardasee-Fischküche
lampone	Himbeere
lambrusco	prickelnder Rotwein aus der gleichnamigen Rebsorte, wird vor allem um Mantova vinifiziert
lardo	gereifter fetter Speck
lavarello	Blaufelchen, auch *coregone* genannt
lenticchie	Linsen
lingua	Zunge
luccio	Hecht
lucioperca	Zander
lugàneghe	halbfeste, meist hausgemachte Rohwurst
lugana	eleganter Weißwein aus der Trebbiano di Lugana-Traube, der im Veneto und in der Lombardia vinifiziert wird
lumache	Schnecken

M/N

malga	Alm
manzo	Rind
marzemino	süffiger Rotwein aus der gleichnamigen Traube, die im südlichen Teil des Trentino wächst
mela	Apfel
mostarda	scharf eingelegte Senffrüchte
nocciola	Haselnuss
noce	Walnuss
nosiola	angenehmer, leichter Weißwein aus der Nosiola-traube, die im Valle dei Laghi im Trentino gedeiht

O

oca	Gans
ortica	Brennnessel
onda (all'onda)	sämig gekocht, z. B. Risotto
orzo (orzetto)	Gerste (Gerstenrisotto)
ostriche	Austern

P

pasta e fagioli	Bohnensuppe mit Nudeln
patate	Kartoffeln
pearà	Brot-Mark-Sauce zu Bollito misto
pesce di lago	Gardaseefische
pesce di mare	Meeresfische
persico	Barsch
pesca	Pfirsich
pestöm	nur kurz gereiftes, gegrilltes Schweinhackplätzchen – Spezialität aus Brescia
piccione	Taube
pinoli	Pinienkerne
polpette	Fleischklößchen
porcini	Steinpilze

Q/R

quaglia	Wachtel
rafano	Meerrettich
rane	Frösche
rape rosse	Rote Bete
risotto alla pilota	trockener Risotto mit Wurstbrät oder Hackfleisch
rombo	Steinbutt

S

salmerino	Saibling
spiedo	Fleischspieß
storione	Stör
strangolapreti	Spinat-Weißbrot-Gnocchi (Trentiner Spezialität)
stracotto	Schmorbraten
struzzo	Strauß

T/U

tacchino	Truthahn
tagliata	Rindfleisch gegrillt und in Streifen geschnitten
tartufo	Trüffel
tinca	Schleie
torta di fregoloti	knusperiger Trentiner Mürbeteigkuchen mit Nüssen – dazu trinkt man Vino Santo
trippe	Kutteln
trota	Forelle
uvetta	Rosine

Z

zafferano	Safran
zampone	gefüllter Schweinefuß
zucca	Kürbis

Dank

So eine kulinarische Entdeckungstour klingt zwar reizvoll, kann aber auch manchmal ganz schön anstrengend sein – vor allem, wenn man mittags und abends einkehrt, weil sich der Weg auf die West- oder Nordseite des Sees dann besser lohnt. Wie jedes Jahr wurde ich auch dieses Mal gut versorgt mit Tipps von italienischen und deutschen Freunden. Allen voran danke ich wieder Gianni Magosso, dem Feinkostspezialisten aus Verona, der mir speziell für diese Stadt beratend zur Seite stand. Isacco Allegretti aus Valeggio hat immer neue Geheimtipps, ebenso wie Cristina Inganni (Cantina Cantrina), die mir half, Brescia besser kennenzulernen. Dr. Rainer Grosch lieferte mir wieder News von der Westseite des Sees. Ganz besonders danke ich aber meinen Freunden Ella und Bert Wilden, die mich immer wieder mal begleiteten und Restaurants testeten, wo man mich gut kennt und meine Beurteilung deshalb nicht neutral wäre. Es war auch bei dieser Ausgabe wieder das reinste Vergnügen mit meiner altbewährten Lektorin zusammenzuarbeiten: Gerti, die akribisch meine Texte bearbeitet – Dir sage ich von Herzen: grazie mille. Mein Dank auch an Thilo Weimar, der das verlockende Titellbild geschossen hat. Und last but not least, danke ich in erster Linie Hubert Kiebler, der dieses von Jahr für Jahr umfangreichere Buch realisiert hat: Die Zusammenarbeit mit Dir ist eine große Freude und lässt mich auch vergessen, dass ich wieder einige Fastenwochen einlegen muss!

Monika Kellermann

Ihre Meinung

Wenn Sie Berichtigungen und Ergänzungsvorschläge haben oder wenn Sie uns Ihre Meinung mitteilen wollen, schreiben Sie bitte an die Gardasee Tourismus GmbH, Brecherspitzstr. 8, 81541 München info@gardasee.de – www.gardasee.de

---

Bildnachweis

Fotos: Monika Kellermann und Thilo Weimar
Titelfoto: Thilo Weimar
Weitere Fotos:
Hubert Kiebler (S. 94)
Erica Petroni (S. 50)
Restaurant-Fotos (Il Porticciolo/Paola Giagulli, S. 92; Osteria Orologio, S. 196; Monte Baldo, S. 178)

©   Gardasee Tourismus GmbH
1. Auflage 2011
ISBN 978-3-000341-625
Alle Rechte vorbehalten

Herausgeber	Gardasee Tourismus GmbH
Autorin	Monika Kellermann
Lektorat, Satz	Gerti Köhn, München
Landkarten	Gardasee Tourismus GmbH
Produktion	Bookwise, München
Lithografie	Lana Repro, Lana
Druck	Polygraf Print, Presov/Slowakei

Besuchen Sie uns im Internet unter www.gardasee.de

Hinweis:
Jedem Restaurant ist eine Nummer zugeordnet, anhand der Sie es auf der Karte im Umschlag vorne finden.
An der Farbe der Nummern können Sie erkennen, in welcher Region das Lokal liegt.

 Trentino   Veneto   Lombardia